이혼에 성공하는 법

세상과 남편에게 잡아먹히지 않는 5가지 방법

"이혼 후 행복하게 살게 해 주는 이혼 지침서"

" 나는 성장한다. 그리고 나는 이혼을 옳게 만들 것이다.
 이것이 나의 사명이다."

"나 정말 이혼 잘했구나"

차 례

제1장. 왜 이혼에 성공해야 하는가?
- 세상은 만만하지 않다.
- 결혼보다 더 중요하다.
- 이제 내가 나를 책임져야 한다.
- 지금보다 백배 행복해져야 한다.

제2장. 이혼 성공은 인생 성공이다.
- 이혼에 성공하면, 나 자신을 사랑할 수 있다
- 이혼에 성공해야, 사랑하는 사람들을 지킬 수 있다
- 이혼에 성공해야, 원하는 인생으로 나아갈 수 있다
- 이혼에 성공해야, 꿈을 꿀 수 있다

제3장. 이혼에 실패하면, 인생은 끝장이다.
- 이혼에 실패하면, 두 번 죽는다
- 이혼에 실패하면, 파산한다.
- 이혼에 실패하면, 지금 가진

그것까지 모두 잃는다
- 이혼에 실패하면, 우울증에 걸린다.

제4장. 남편에게 잡아먹히지 않는
5가지 방법
- 첫 번째: 지금 겪는 아픔보다
더 강해져야 한다.
- 두 번째: 목표를 가져야 한다.
- 세 번째: 스스로 똑똑해져야 한다.
- 네 번째: 생각을 바꿔야 한다.
- 다섯 번째: 경제적 자립해야 한다.

제5장. 이혼에 성공해서 행복하게
사는 사람들
- 연하남과 행복하게 살다 _ 서정희 씨
- 집필자로 자신의 인생을 살다_
공지영 작가님
- 상상력과 희망으로 꿈을 이룬
세계적인 작가_조앤 롤링

이혼에 성공해야, 인생을 잘 살아 낼 수 있다.

"이혼은 실패가 아니다. 그것은 관계에서 내가 성장할 수 없다는 것을 깨달은 후, 자신을 위한 새로운 길을 찾는 과정이다."

아마존 인생 책 100에 선정된 [먹고 기도하고 사랑하라]의 저자인 엘리자베스 길버트의 말이다. 그렇다. 이혼은 실패가 아니라, 새로운 시작이다.

인생은 길다. 삶에는 결혼과 이혼만이 있는 것이 아니다. 관계라는 것은 꼭 누구와 맺어야 하는 것이 아니다. 어찌 보면 나와의 관계가 우선이다. 내가 난데 무슨 관계냐고 하면 할 말이 없다. 그 정도도 삶에 대해 진지하게 생각하지 않고 이혼을 생각한 사람은 없을 테니까. 우리는 지금 관계에서 크나큰 상처와 패배를 겪었다. 이겨내야 한다. 이기려면 적을 알아야 한다.

원인을 먼저 알아야 한다. 왜 내가 이 관계를 원했는가? 이 관계는 어디서부터 잘못되었는가? 이 관계를 계속 유지할 수 있음을 감당해야 하는가? 이 관계를 유지할 수 없다면 이혼을 결정해야 한다. 이 결정에 온갖 불행과 누려움이 나를 짓누를 것이다. 이제 시작이다.

이 불행과 두려움을 나는 극복할 수 있겠는가? 내 인생은 여기서 끝나는 것인가? 자 숨을 깊게 쉬고 다시 생각해보자. 이혼을 왜 결심했는가? 아니 이혼이라는 생각이 하루에 몇 번 이상 떠오르는가? 이혼만이 내가 살 수 있는 길이라고 생각한 적이 하루에 몇 번 있는가? 이 모든 것이 정말 내가 해결할 수 있는 일인가?

내 가정이 송두리째 무너지는 현상이 하루에도 100번씩 시뮬레이션 되지 않는가? 무섭고 두렵지 않은가? 내 마음속에서 계속해서 무어라 말하고 있는지 들어봐라. 나를 저주하고 그를 저주하는 목소리가 종일 나를 괴롭히고 있지 않은가? 하지만 걱정하지 말아라. 나의 잘못이 아니다. 그리고 죽지 않는다. 우리는 관계에서 내가 성장할 수 없다는 것을 깨달은 것이고, 성장할 수 있다.

그 누구보다도 잘살 수 있다. 인생은 여기서 끝나지 않는다. 단지 성장해야 하는 시기라고 알려주는 하나의 메시지일 뿐이다. 쉽게 말하면 우주의 친절한 메시지라고 이해하면 편안하다. 당황하지 말고, 숨을 크게 쉬고 이렇게 말하라.

" 나는 성장한다. 그리고 나는 이혼을 옳게 만들 것이다.
이것이 나의 사명이다."

그리고 눈을 크게 뜨고 이 책을 끝까지 읽어주시길 바란다. 부디 오래오래 살아서 행복하게 이 세상 모든 축복을 받아들일 마음만 열면 된다. 정말이다. 그것뿐이었다.

많은 사람이 결혼을 성공의 완성이라 생각

한다. 하지만 때로는 이혼이야말로 새로운 시작을 여는 열쇠가 된다. 이 책은 그 열쇠에 관한 이야기다. 이혼은 실패가 아니다. 오히려 인생의 한 부분을 정리하고, 새로운 서사를 시작하는 용기 있는 선택이다. 이 책은 당신의 용기 있는 새로운 출발을 위한 지침서다.

이 책은 한 마디로 이혼에 성공하는 법을 알려 준다. 우리의 적인 세상과 남편에게 잡아먹히지 않는 5가지 방법을 제시할 것이다. 왜 이혼에 성공해야 하는지? 이혼에 성공하는 것은 남은 인생에 성공하는 것과 같다. 이혼에 실패하면, 인생은 망한다. 남은 인생이 힘들어지고, 괴로워질 것이다. 그러므로 반드시 이혼에 성공해야 한다. 이혼에 성공하는 방법을 제시해 줄 것이다. 더불어 이혼에 성공해서 행복하게 사는 사람들도 소개해 줄 것이다.

이 책의 독자들이 결혼 실패가 아닌 이혼 성공을 통해, 행복한 인생길을 찾아간다면, 필자도 더할 나위 없이 행복할 것 같다.

제1장. 왜 이혼에 성공해야 하는가?

- 세상은 만만하지 않다.

결혼 전에 사회생활을 했다. 고등학교를 졸업하고 취업을 먼저 했다. 어느 정도 시간이 지나 야간대학에 들어가 대학을 졸업했다. 내 주변 친구들과 직장동료들은 내 삶과 비슷한 사람들이었다. 결혼하고 졸업해서 사회 생활하다가 연예를 시작하고, 결혼하고 아이를 낳아서 살았다.

직장동료들도 나와 비슷했다. 나는 20대에 첫 번째 결혼생활을 했다. 3개월 정도 연애했고, 1년 정도 함께 살았다. 그의 아버지는 여러 번 결혼하신 경험이 있으셨다. 남편도 결혼생활 1년 후에 집을 나갔다. 동거생활과 비슷했던 나의 첫 번째 결혼생활은 그렇게 허무하게 끝이 났다.

내 인생은 여기서부터 서서히 무너졌다. 그때부터 나는 자신감을 잃었고, 내가 지금껏 살았던 모든 삶을 부정하기 시작했다. 내 주변부터 조금씩 정리하기 시작했다. 친구들과의 사이는 멀어졌고, 내 결혼생활을 아는 사람들로부터 멀어졌다.

첫 번째 결혼 실패에서, 나를 돌아보지도 바로 세우지도 않은 채 두 번째 남편을 만났다. 그는 나의 상황을 알고 있었고, 이해해 준다고 했지만, 그 일로 다투는 일이 잦았다. 아마도 그는 내 상처를 받아들이지 못한 채 결혼을 선택했고, 그와 나의 잘못된 만남이 되었다.

두 번째 결혼생활이 잘못되었다는 생각이 들 때부터 과거를 돌아보고 돌아보았다. 나는 내가 무엇을 잘못했는지 알고 싶었다. 무슨 죄를 지어서 이런 기막힌 일들이 나에게 벌어진 걸까?

나는 나를 알지 못했다. 아니 알려고 노력하지 않았다. 20대의 철없는 실수이고 얼마든지 극복할 수 있을 것이라는 잘못된 판단이 두 번의 실패를 하게 되었다.

 나를 알고, 스스로 온전히 서지 못 한 채, 벌어지는 상황에 압도되어 이리저리 끌려다니는 삶을 살고 있었다. 내가 무엇을 원하는지, 내가 누구인지, 어떻게 살아야 하는지의 목표 없이 주변에 벌어지는 일들에 반응만 하며 삶을 원망했다.

나는 내가 생각하고 결정하고 살고 있다고 생각했지만, 그것은 생각이 아니라 과거에 대한 기억을 떠올리고 자책하고 원망하는 삶을 반복한 것이었다. 타인은 나를 알지 못한다. 나에게 훌륭한 조언을 하는 사람도, 가까이서 나를 지켜본 가족들이라 해도, 나를 도울 수 없는 이유다.

차라리 누가 봐도 도와야 하는 사람이라면 다행이다. 하지만, 겉으로 보기에 똑똑해 보이고 말을 잘하는 사람일수록 '알아서 잘하겠지.'라고 생각한다. 그 생각으로 나를 믿어주는 경향이 강하다. 나는 헛똑똑인데 말이다.

삶은 혼자 살아가야 하고, 스스로 성장해 나가야 한다. 세상은 만만하지 않다. 내가 세상을 모르면 경험으로 알아갈 수밖에 없다. 그리고 회복하는 데에 많은 시간을 들여야 한다.

 물론 이런 순간이 지금의 나를 있게 해준 소중한 시기이다. 내가 원하는 방향을 알게 해주었다.

 아빠는 6살에 돌아가셨다. 그때는 퇴근할 엄마만을 기다리며, 외롭게 보냈다. 외로움에 지친 어린 내 모습이 보였다.

소중한 나를 스스로 사랑해주지 못한 결과는 혹독했다. 내가 나를 사랑한다는 것은 나를 아껴주는 것이다. 나를 아껴준다는 것은 다른 누군가가 해줄 수 있는 것이 아니다. 스스로 자립하는 사람으로 나를 성장시키는 것이다.

외로움 때문에 타인에게 의지하고, 때로는 원망하며, 스스로 성장하지 않은 나를 세상은 혹독하게 가르쳤다.

처음 관계가 잘못되었을 때. 나의 부족함을 알고 스스로 세상에 바로 설 수 있을 만큼 노력하고 성장시켰어야 했다. 내면에 두려움으로 가득했던 나는 또 한 번 누군가를 의지했고, 그와 나 모두 상처를 입었다.

상대를 원망하며 나를 합리화하는 삶은 하수다. 나는 두 번의 실패를 겪으며, 냉혹한 삶을 뼈저리게 겪었다. 스스로 경제적, 사회적, 정신적으로 독립하지 않은 상태에서 선택하는 모든 결정은 잘못될 경우가 많다. 내 안에 있는 생각이 외부로 나타나기 때문이다.

내 실수를 받아들이고, 내가 바로 서야 한다. 세상은 나를 위해 존재한다. 내 안에 있는 것들이 세상에 보이는 것이다. 내 안을 들여다봐야 한다.

내 안에 있는 것들이 진짜 내 것이다. 내 역량이 내 경제력이고, 내 마음의 풍요와 사랑이 내 공간과 주변 사람들로 채워진다.

내가 단단한 사람이 되면 나의 세상도 단단하게 지어진다. 내가 나의 세상을 만드는 것이기 때문이다. 지금 나는 말랑말랑한 내 마음을 감사와 사랑과 지혜로 채워나가고 있다.

매일매일 눈뜨는 나에게 감사하고, 양육비를 줄 수 있는 나에게 감사하고, 건강하고 밝게 자라주는 아이들에게 사랑을 주고, 책에서 지혜를 얻으며, 하루하루 충실하게 살아가다 보니 어느새 나는 나를 사랑하게 되었고, 그 사랑이 세상으로 나아가 아름다운 세상을 만들어 주고 있다.

"쉽게 얻은 것은 쉽게 사라진다. 하지만 고난 속에서 얻은 것은 너를 더욱더 강하게 만든다."

위대한 과학자 알베르트 아인슈타인의 말이다. 이 말처럼 이혼하고 삶을 극복하는 과정은 쉽지 않다. 하지만 우리를 강하게 만든다. 그래서 나는 지금이 더욱 값진 경험이라고 생각한다. 타인의 비난에 기죽지 말아라, 우리는 고난 속에서 더욱 값비싼 진주를 캐는 과정에 한 몸을 바치는 의무를 시행하는 중이다.

쉽게 얻는 것은 쉽게 사라진다. 삶을 만만

하게 생각하고 스스로 서지 못하면 같은 삶이 반복된다. 이것이 삶의 원리다. 고난과 성장이라는 과정을 품어야지만 값비싼 진주를 얻을 수 있다. 부디 이 시간을 실패가 아닌 진주를 품은 조개의 삶으로 받아들이고 하루하루 즐겁고 충실하게 살아가자.

- 결혼보다 더 중요하다.

결혼은 관계에서 오는 것이다. 관계가 좋으면, 삶에서 오는 고난과 부침을 함께 해결하며, 성장도 같이한다. 가장 이상적인 부부관계이다.

하지만 이혼은 관계에서 오랫동안 실패와 좌절감을 겪었기 때문에 발생한다. 우리는 육체와 정신에 상처를 입었다. 몸과 정신을 제대로 돌아보지 않고 무조건 앞만 보고 달리다 보면 더 큰 좌절감을 겪을 수 있다.

사회생활을 시작하고 지금보다 잘 살 수 있다는 마음으로 이를 악물고 무슨 일이든 했다. 의욕이 앞섰고, 열심히 하면 된다고 생각했다. 하지만 나에 대한 앎이 없고 타인과의 관계를 맺는 방법도 미숙했다.

내면에는 두려움과 억울함이 있었지만, 나의 감정은 무시했다. 돈을 좇았고, 사람들에게 경계심을 두었고, 나를 포장했다. 하지만 그때는 이런 나의 모습을 나 자신도 알지 못했다.

내면을 돌아보지 않고 타인을 보며, 비교하고 아등바등했다. 나는 나 자신을 제대로 보지 못했지만, 사냥꾼들에게는 쉬운 먹잇감이었을 것이다.

사업 경험 없이 일을 벌였고, 여기에서 경제적 정신적으로 인생의 쓴맛을 제대로 보았다. 세상은 열심히만 한다고 해서, 잘되는 것이 아니었다. 나를 알고 세상을 배우지 않고, 결정한 선택들은 나쁜 결과로 나타났다.

나는 정확한 목표가 없었고, 타인의 결정으로 시작한 사업은 서서히 곤두박질치기 시작했다. 중요한 결정에서 남을 믿은 결과는 참담했다. 더는 누군가를 원망한다는 것 자체가 의미 없이 느껴지는 순간 나는 내 삶의 방식이 크게 잘못되었다는 깨달음을 얻었다.

"나는 안전한 선택을 하지 않았다. 나는 도전하는 삶을 선택했다."

어밀리아 에어하트의 이 말처럼, 나도 도전하는 삶을 선택한 것이다. 이혼 후에 사업의 실패로 인한 경제적 정신적 충격을 받아, 밖으로 나갈 수 없었다. 온종일 TV를 틀어놓고, 밤새도록 멍하니, 보고 또 봤다. 이 상태를 받아들일 수 없다는 생각과 더는 도망갈 곳이 없다는 생각에 미치자 이런 생각이 떠올랐다.

"나는 성공하고 싶었고, 도전했잖아. 지금은 결과가 실패이지만, 나는 이 일을 겪으면서 경험하고 배운 것이 많아. 나는 도망치지 않았고, 타인을 믿고 시작한 것은 잘못이지만, 나는 그 선택을 할 수밖에 없었어. 같은 상황이었어도 너는 같은 선택을 했을 것이고, 크게 배운 거야. 이제 같은 실수를 하지 말고 다시 일어서자 "

나는 여러 번 크게 넘어졌다. 하지만 지금

돌아보면 그때마다 일어섰다. 순간마다 좌절하고 어디서부터 시작해야 할지 모르며 동동거렸지만, 조금씩 성장하고 있었다.

"이혼에는 성장이 절대적으로 필요하다. 도전하지 않는다면 실패도 없지만, 성장도 없다. 그러니 두려워 말고 도전하라. 망해도 성장은 남는다."

결혼은 관계에서의 행복감과 만족감이지만. 이혼 후에는 도전이 디폴트값이다. 경제적으로 성장하는 방법은 이것뿐이다. 나는 말로만 하는 치유와 위로를 믿지 않는다.

이혼 후 내가 가장 치유되고 만족하였을 때는, 경제적으로 상황이 월등히 좋아졌을 때였다. 내 성공과 성장이 가장 큰 치유이다. 다른 이유는 핑계라고 생각한다.

내가 스스로 생각했을 때 '나 성공했구나!'라는 말이 나온다면 치유하였다고 해도 무방하다.

"이혼은 다른 배우자를 만나려고 하는 것이 아니다. 내가 성장하고, 인생을 제대로 잘 살아가려고 하는 것이다."

성장과 성공은 같은 말이다. 정신적 성장만 하면 안 된다. 경제적 성장도 함께해야 한다. 정신이 물질로 변하는 것이다. 말과 행동이 일치해야 하는 것은 이와 같은 원리다.

돈 없이 행복하다고 하는 사람을 신뢰하지 않는다. 정신이 행복하면 물질적인 풍요는 자연스럽게 따라온다. 나는 다시 한번 일어섰다. 삶의 방식을 뼛속부터 바꾸어 나가야 한다.

마음의 결핍이 물질적 결핍을 낳는 것이다. 이런 결과들을 보면서 내 생각이 잘못되었다는 것을 알았다. 큰 실패 후에 나는 오히려 자유로움을 느꼈다. 이혼 후에 아이들을 두고 나온 죄책감을 마주 보았고, 남과 비교하는 내 교만함을 마주했고, 나 스스로 사랑해주지 않은 어리석음에 눈물이 났다.

'얼마나 잘 살고 싶고 세상이 두려웠으면 이런 어리석은 생각과 판단을 했을까?' 내가 처음으로 안쓰럽고, 대견했다.

"나는 실패를 경험할 때마다 더 강한 사람이 되었다."

세계적인 가수 비욘세의 말이다. 이 말처럼 필자는 실패할 때마다 더 강해졌다.

나는 목표가 없는 줄 알았다. 하지만 이혼 후에 정말 강한 사람이 되고 싶다는 목표를 마음 깊이 품고 있었다. 그래서 경제적으로 성공해서 아이들과 행복하게 살고 싶었다. 나에게 실패가 온 것은 과정에 불과하다. 강한 사람이 되기 위해서는 실패라는 경험이 필요했다.

나는 이제 나의 실패가 부끄럽지 않다. 쉬지 않고 부단히 살아준 내가 사랑스럽고 자랑스럽다. 하지만 이제 정말 중요한 목표를 정했다. 내가 원하는 목표. 방향을 잡고 나아간다. 그 과정에서 선을 추구하고, 나를 사랑하며, 감사하는 마음으로 살아가고 있다.

내 마음은 이제 시끄럽지 않다. 고요하고 평화롭다. 결혼보다 이혼이 더 중요한 이유이다.

- 이제 내가 나를 책임져야 한다.

"슬퍼하지 말란 말이 아니야, 우리 엄마처럼 슬퍼만 하지 말라고. 슬퍼도 하고, 울기도 하고, 그러다가 밥도 먹고, 잠도 자고 쌍, 어쩌다간 웃기도 하고, 행복도하고 애랑 같이 못 사는 것도 대가리 돌게 성질나 죽겠는데 그것도 모자라서 엉망진창 네가 망가지면 너 인생이 너무 엿 같잖아 이 새

끼야 "

 '우리들의 블루스'라는 드라마에서 나온 대사이다. 이혼 후 아이를 두고 나와 그리워 울며 방황하는 배우 신민아에게 이병헌이 조언하는 장면이다. 이혼 후 내가 나를 책임져야 하는 이유이다. 엉망진창 내 인생을 망가트리면 내 인생이 너무 엿 같기 때문이다.

나를 책임진다는 것은, 내가 결정한 선택과 행동에 책임을 지는 것이다. 마음으로 원망과 남 탓을 멈추는 일이다. 좋은 결과든 나쁜 결과든 모두 내 선택이라고 결정하고 받아들이는 것이다.

나의 선택을 받아들여야, 지난 실수를 인정할 수 있고, 올바른 선택을 할 힘이 생긴다. 더는 누군가의 조언에 끌려다니면 안 된다.

친구, 가족, 변호사, 직장동료들 세상에 나에게 조언을 해줄 사람은 너무 많다.

타인은 조언해주고 길을 제시해 줄 수는 있다, 하지만 앞으로 일어나는 모든 일에 책임은 온전히 내가 져야 한다. 그 결과가 좋건 나쁘건 내 책임이다. 이혼은 한때 사랑했던 배우자였고, 소중한 내 아이들의 삶의 방향을 결정하는 중대한 선택이다.

내가 하는 모든 결정은 앞으로 온전히 내가 책임져야 한다. 이혼을 결정하고 첫날 지냈던 쉼터에 계시던 선생님이, 밤새 울고 있는 방에 조용히 들어오셔서 , '어떻게든 아이들을 데리고 나오지' 라고 하신 말씀에 가슴을 쳤다.

내가 선택한 이혼에서 지금까지도 가슴이 가장 아픈 곳이 아이들이다. 너무 깊이 상처를 입어, 조금만 건드려도 저리다. 아이들을 두고 나온 내 선택에 나와 아이들과 그의 삶의 방향이 결정되었다.

지금 나를 살려줄 것 같은 사람들도 시간이 지나면 각자 살아가기 바쁘다. 친구도 가족도 내 인생을 책임져 줄 수 없다. 타인은 상황을 이해는 하지만, 겪어보지 않은 감정은 절대 공감할 수 없다.

징징대고 조언을 구하는 시간이 길어질수록, 가족이나, 타인에게 짐이 될 뿐이다. 둘째 아이와 함께 나와 갈 곳이 없어 친구 집에서 이 주일 정도 지냈다. 나는 친구에게 매일 같은 고민을 반복해서 털어놓았다.

아이와 함께 있고 싶었지만, 갈 곳이 없고, 돈이 없다 보니 친구 집에서 당장 나올 수도 없었다. 친구는 회사 일이 바빴고 챙겨야 하는 가족들이 있었다. 그곳에서 내 아이와 나에게 잠자리를 내어주고, 고민을 들어주는 일이 반복될수록 친구에게 점점 미안해졌다.

아이와 함께 있고 싶었지만, 아이에게 나와 같은 마음을 느끼게 해주고 싶지 않아서 아빠에게 아이를 보내야 한다는 선택을 했다. 그 선택 이후 양육권은 아빠에게 주어졌고 나는 면접 교섭을 통해서 아이들을 볼 수 있게 되었다.

나는 아이와 집에서 나와 두 가지의 선택을 할 수 있었다. 아이와 함께 쉼터에 들어가거나, 아빠와 형이 있는 집으로 보내는 것이었다. 나는 아이를 아빠에게 보냈고, 다른 선택은 놓아버렸다.

선택에 만약은 없다. 하나의 선택을 했으

면, 과정과 결과를 받아들일 수밖에 없다. 이혼을 선택하기 전에는 원망도 가능하다. 배우자를 탓할 수도 있고, 배우자의 부모님을 탓할 수도 있다. 하지만 이혼을 선택한 순간부터는 원망의 대상이 사라진다.

왜냐하면, 누구도 나 대신 내 인생을 책임져 줄 수 없기 때문이다. 그러니 우선 나부터 책임져라. 경제력이 없으면 일하고, 체력이 약하면 운동해라. 우울증에 걸렸으면 병원에 가서 치료해야 한다.

징징대고 원망해봐야 시간만 흘러가고, 체력만 소진된다. 일하고 운동하고 명상하고 독서를 해야 한다. 나는 아이를 보내고, 아이들을 만나기 위해 돈을 벌었다. 내가 아무리 징징대도 아이들을 만날 수 없었기 때문이다.

나 자신이 나를 가장 잘 안다. 때로는 나조차도 나를 속일 수 있다. 나를 속이지 않고 대면해야 한다. 그래야 부족한 부분을 인정하고 성장할 수 있다. 경제적, 정신적, 육체적 상황을 가장 잘 아는 것은 나 자신뿐이다.

그렇게 조금씩 나를 알아가고, 부족한 부분을 채우고. 상황을 해결해 나가면 된다. 내가 나를 책임지는 과정은 성장에서 꼭 필요하고 중요하다. 어른이지만 스스로 자신의 선택을 책임지지 않는 사람이 많다. 남을 원망하고 남 탓을 하는 사람을 하루에도 수십 번 만날 수 있는 이유다.

수백 번 넘어지고, 일어서다 보니, 깨달은 사실이 있다. 비난과 원망은 나에게 아무런 도움도 되지 않았다. 내가 성장하기 시작한 출발선은 모든 상황을 내 책임으로 받아들이고부터였다. 내가 나를 책임지는 힘은 지금의 현실을 받아들이는 순간부터다.

이혼의 성공은 비난을 멈추고, 내가 선택한 지금을 책임지는 것이다. 지금, 이 순간을 온전히 받아들여라. 그러면 내 안에서 의지를 발견하게 될 것이다.

- 지금보다 백배 더 행복해져야 한다.

왜 이혼을 생각했는가?

 이혼하려고 결혼을 선택한 사람은 없다. 온전히 나만을 아껴주는 배우자와 그를 닮은 아이를 낳아 알콩달콩 행복하게 살려고 결혼한다. 결혼생활은 나 혼자 행복을 만들 수가 없다. 행복은 배우자와의 관계에서 오기 때문이다. 수많은 이유가 있겠지만 결혼생활은 관계를 회복하지 못하면 더 많은 불행이 커질 수밖에 없다.

이혼을 결정한 이유는 분명 나의 행복을 위해서이다. 물론 아이들과 가정에 대한 고민이야 이미 수백 번을 했을 것이다. 하지만 이런 고민은 결국 나의 죄책감만 키운다. 결혼생활의 불행과 죄책감까지 모두 안고 살아갈 수 있을까?

나는 이혼을 결정하고 알게 되었다 내가 살려고 이혼을 선택할 수밖에 없었다는 것을. 참으면서 산다는 것은 결국 사는 것이라고 할 수 없다. 결혼생활은 나 혼자만의 의지로는 결코 관계를 회복할 수 없다.

삶은 나와 사랑하는 사람들을 지키고, 성장하고 봉사하며 살아가는 것이다. 사람은 그렇게 존재하라고 태어났다. 이혼에 성공한다는 것은 재산분할과 양육권을 누가 더 잘 정리하는가의 문제가 아니다. 재산분할과 양육권은 과거를 정리하는 것이지 현재를 살아가는 것이 아니다.

이혼에 성공한다는 것은 나의 행복을 찾는 것이다. 누군가와 함께 행복을 찾는 것이 아니다. 나 스스로 경제적으로 사회적으로 행복을 만들어 나갈 수 있는 사람이 되어야 한다.

이혼을 결정했을 때 나는 휴대전화기 하나가 나의 전부였다. 정말이지 십 원짜리 한 개도 없었고 내 통장에는 돈이 없었다. 이혼을 결심한 그 날도 택시를 타고 휴대전화기로 친구에게 전화를 걸어 친구가 택시비를 내주었다. 그리고는 친구가 쓰던 지갑에 현금으로 30만 원 정도를 넣어주었다. 그때 나는 내 결혼생활이 왜 불행했는지 알 수 있었다.

 결혼은 내가 선택한 것이다. 남편도 물론 내가 선택했다. 하지만 결혼과 이혼을 할 때도 내가 원하는 삶을 스스로 만들어 나갈 힘이 없었다. 하지만 단 하나 가지고 있는 것이 있었다. 그것은 생각 즉 꿈과 희망이었다. 자책하는 것은 결혼생활로 종지부를 찍었다. 앞으로 나아가는 것만을 생각했다.

'돈을 벌고 부모로서, 자식으로서 마땅히 내가 해야 할 일을 잘 해내자'

오직 이 생각으로 하루하루를 살아냈다. 진정으로 살아내고, 행복해지고 싶었다. 부모라면 마땅히 해주어야 하는 모든 것들을 아이들에게 주고 싶었고, 자식으로서는 엄마에게 자랑스러운 딸이 되고 싶었다.

그것이 나에게는 행복이었고 삶의 의미였다.

나는 함께 있던 둘째 아이를 아빠에게 보냈다. 당장 아이와 함께 편하게 지낼 곳과 돈이 없었다. 쉼터라는 곳에서 한 달 정도 시간을 보냈다. 그곳에서 소송을 진행했고 아이들을 3개월 정도 만날 수 없었다. 매일매일 울었다. 아이들이 보고 싶었다.

이혼이라는 것은 누구에게나 쉽지 않다. 인생에서 어디 쉬운 게 있을까? 누군가는 이혼이 배우자와 헤어지는 것이라고 단순하게 말한다. 하지만 이혼은 그 이상이다. 제대로 살아 보려고, 또 살고 싶어서 하는 것이다.

이혼은 혹독한 과정이다. 아이가 있다면 더욱 힘들다. 하지만 이혼 또한 선택이다.

나는 똑같은 상황이 온다고 해도 이혼을 선택했을 것이다. 이혼하니 행복하냐고 묻는다면 나는 그렇다고 말할 수 있다.

이혼을 결정한 이후 나는 내가 스스로 선택한 삶을 온전히 살고 있다.

" 행복은 돈이 많다고, 타인에게 인정받는다고 얻을 수 있는 것이 아니다. 더구나 좋은 사람을 만난다고 받을 수 있는 것이 아니다. 행복은 내 삶을 선택하고 그 선택을 옳게 만들며 살아가는 과정이다. "

지금보다 백배 더 행복해져야 하는 이유는 무엇일까? 그것은 내 선택을 옳게 만드는 과정이기 때문이다. 그때가 되면 스스로 말할 수 있다.

"나 정말 이혼 잘했구나"

내가 무엇이 되어야 하는 것이 아니다. 내가 내린 선택에 책임을 져야 한다는 것이다. 더는 누구 때문에, 무엇 때문이라는 변명을 그만하고 내 삶의 주인이 되어야 한다. 이혼은 두려운 무엇이 아니다. 내가 나의 선택을 옳게 만들 수 있느냐가 두려운 것이다.

빈 지갑으로 울면서 들어간 쉼터에서 나온 후 일자리를 구하고 월급 200만 원 정도로 처음 산 것이 아이들의 카시트였다. 주말에 아이들을 만난다는 기대감에 월급을 받자마자 좋은 카시트를 샀다. 그 몇 개월 동안 훌쩍 자란 아이들이 많이 사용하지는 않았지만, 나는 내가 스스로 번 돈으로 아이들을 위해 카시트를 샀다는 것만으로도 너무 행복했다.

몇 개월 만에 만난 아이들과 호떡과 어묵을 사 먹으면서 나는 다짐했다.

"엄마 이젠 웃는 모습만 보일게"

그렇게 나는 스스로 경제적인 자립을 시작했고, 사회생활을 시작했다. 지금은 여행도 가고 가끔 호텔 뷔페도 가며, 서로의 미래를 응원하고 꿈꾸고 있다.

5년 전과 지금의 나는 다르다. 사람은 변하고 성장한다. 십 원짜리 한 개 없던 나는 이제 존재하지 않는다. 변하지 않는 것이 있다면 엄마라는 것과 나는 계속 성장하고 있다는 것이다.

이혼한다는 것이 중요한 것이 아니다. 이혼이 대단한 것도 아니고 나만 하는 것도 아니다. 더구나 창피한 것도 아니고, 내가 무엇을 잘못해서 하는 것도 아니다.

이혼은 단지 하나의 선택일 뿐이다. 이혼을 결심한 순간부터 행복해져야 한다. 과정은 잊고 오로지 내가 어떻게 살고, 어떤 사람이 될지를 내가 선택해야 한다. 이혼의 성공은 내가 지금보다 백배 더 행복한 마음으로 살아가는 과정을 즐기는 것이다.

겁낼 필요 없다. 지금의 삶이 거지 같다면 과감하게 행복의 나라로 나아가기를 응원한다. 그러면 알게 될 것이다. 거지 같은 나는 원래 없었다는 것을.

제2장. 이혼에 성공하는 것은 인생 성공이다.

- 이혼에 성공하면, 나 자신을 사랑할 수 있다

결혼생활은 행복한 추억이다. 소중한 아이들을 만났고, 소중한 추억을 그와 아이들과 만들었다. 기적 같은 순간이었고, 축복이었다.

이혼에 성공해야 과거의 시간을 사랑할 수 있다. 지금이 행복해야 과정이 행복이었음을 알 수 있다. 그 앎이 생기면 나 자신을 사랑할 수 있다. 나 자신을 사랑한다는 것은 지금의 삶을 사랑하는 것이다.

지금 거울을 보고 나 자신이 사랑스럽지 않다면, 성공한 인생이라고 할 수 없다. 자신을 속일 때조차도 나는 나 자신을 알기 때문이다. 내가 스스로 정한 목적대로 살고 있지 않으면, 나는 나에게 실망하고, 자신조차도 믿지 않게 된다.

이혼 후 스스로 살아가는 과정은 나와 어떤 관계를 맺는지가 중요하다. 관계에서 실패를 경험했고, 새로운 관계를 만들어 나가는 과정에서 타인과의 관계는 중요하지 않다.

나와의 관계에서 신뢰를 쌓아야 한다. 신뢰가 쌓이면 자신의 선택을 믿을 수 있다. 내가 목적을 정하고 나아가는 길을 만들어 가는 과정의 힘이 생겨야 미래에 올바른 선택을 할 수 있기 때문이다.

우리는 누군가를 좋아하면 우선 그 사람을 알려고 궁금해한다. 무엇을 좋아하는지, 종일 무엇을 하는지, 어떤 생각을 하는지, 잘하는 게 무엇인지, 끊임없이 알고 싶어 한다. 나를 좋아하는 방법도 이와 같다.

내가 무엇을 좋아하는지, 종일 무엇을 하는지. 어떤 생각들을 하는지, 잘하는 게 무엇인지 궁금해해야 한다. 하지만 나를 좋아하지 않으면, 알고 싶어 하지 않는다. 궁금하지도 않고, 관심도 없다.

이혼 후, 삶이 절박했다. 내가 망가지는 것보다도 아이들을 두고 나온 스스로가 너무 미웠다. 돈이 없고, 도와주는 사람이 없는 내 인생 모든 게 싫었다. 내 주변 상황이 원망스러웠다.

아이들에게 행복한 모습을 보여주려고 이혼을 선택했지만, 행복에 나는 포함하지 않았다. 내가 행복하게 해줘야 하는 대상은 늘 내가 아닌 타인이었다. 나는 나 자신을 사랑하는 법을 몰랐다.

나는 성공하고 싶었다. 아니 이혼을 선택한 나의 결정이 옳은 선택이었음을 스스로 증명하고 싶었다. 성공하는 방법을 알고 싶었다.

'성공'이라는 사전적 뜻은 '목적하는 바를 이름'이다. '목적'이라는 사전적 의미는 '실현하려고 하는 일이나 나아가는 방향'이다. 방향을 정확히 알아야 목적이 생기고 목적을 이루는 것이 성공이다.

방향은 내가 원하는 방향이어야 한다. 남이

원하는 방향으로 나아가는 것은 나의 성공이 아니라, 타인의 성공이다. 내가 원하는 방향을 알려면, 나를 알아야 하는 과정이 꼭 필요하다.

내가 원하는 것을 명확히 알고, 목적지로 향하는 방향으로 살아야 나 자신을 신뢰할 수 있고, 사랑할 수 있다. 나를 사랑하는 것은 성공으로 나아가는 길을 걸어가는 과정에서 생기는 마음이다.

이혼에 성공하는 방법은, 나를 사랑해주는 마음을 키워나가는 것이다. 내가 좋아하는 것을 알아가고, 경험하고, 궁금해해야 한다. 책만 읽어도 안 되고, 생각만 해도 안된다. 경험을 많이 해봐야 한다.

나는 사업을 하면서 내가 사람들에게 신뢰를 주는 사람임을 알았고, 책임감을 느끼고 사는 삶이 나와 남에게 이롭다는 것을 알았다. 돈이 주는 풍요와 여유가 행복의 큰 요소라는 것도 알았다. 달리기를 시작하면서 내가 지구력이 강한 사람이라는 것을 알았고, 혼자 하는 운동을 좋아한다는 것을 알았다. 글을 쓰면서 글쓰기는 즐거워야 한다는 것을 알았고, 몰입되었을 때 치유되는 기분을 경험했다.

등산하면서 생각을 몸으로 통제할 수 있다는 사실을 깨달았다. 사업이 힘들어지면서, 돈에 인격이 있다는 것을 알았고, 그릇을 키워야 한다는 말의 숨은 깊은 뜻을 몸과 마음으로 체득했다.

도전과 경험과 실패를 하면서 나를 알게 됐고, 무엇을 좋아하고, 잘하는지 알게 되었다. 그리고 도전하는 나를 사랑하게 되었다. 내가 좋아하는 일들을 찾아서 잘하게 되는 경험들은 스스로에 대한 신뢰로 보답해 주었다.

이혼의 과정에, 성공해야 한다. 이혼의 과정은 삶의 과정과 같다. 이혼은 끝이 아니다. 이혼하면 행복해질 것이라는 어린아이 같은 생각은 잘못된 생각이다. 이혼에 성공하는 과정에서 자신을 사랑하는 마음이 생길 때 '나 성공하겠구나' 하는 앎이 생긴다.

그 앎이 성공한 자신을 나타나게 해줄 것이다.

- 이혼에 성공해야, 사랑하는 사람들을 지킬 수 있다

"진정한 사랑은 마음에서 시작되지만, 때로는 돈이 그 사랑을 지켜준다."라는 말이 있다. 사랑과 돈은 인과법칙이 존재한다고 저자는 생각한다.

돈은 세상의 모든 문제를 해결해 주지는 않지만, 해결할 수 있는 문제의 70%는 돈으로 해결된다."라는 말은 사실이다.

저자는 이 말을 이렇게 바꾸고 싶다. "돈은 이혼의 모든 문제를 해결해 주지는 않지만, 이혼을 해결할 수 있는 문제의 70%는 돈으로 해결된다." 저자의 경험으로는 이혼의 성공은 경제력이 70%다.

돈이 주는 좋은 점을 정리하면 이해가 된다. 돈은 자유와 선택권을 제공하기에 원하는 삶을 선택할 수 있다. 경제적 자유를 통해 시간과 노력을 자신이 원하는 곳에 투자할 수 있다.

돈은 기본적인 요소인 생계에서 생활이 보장되게 해주기 때문에 불안에서 벗어날 수 있다. 예기치 않은 질병이나, 사고에 대응할 수 있도록 대비책이 되어준다.

돈은 인간관계의 질을 높여주기 때문에, 경

제적 이유로 관계가 흔들려도, 타인의 눈치를 덜 보고, 원하는 사람들과 더 좋은 관계를 맺을 수 있는 선택의 폭이 늘어난다.

돈은 내가 배우고 싶은 공부나 건강에 투자할 시간을 제공해 주기에, 더 나은 자신을 만들 수 있고 사고의 폭도 확장해 준다.

남을 도울 수 있는 여유를 주기 때문에 삶을 감사하는 태도로 만들어 준다. 돈은 단순히 물질적인 것이 아니다. 김승완 저자의 책처럼 돈은 잘 활용하면 훌륭한 인격 이상을 가지고 있다.

이혼의 선택에서 경제력은 중요하다. 예기치 못한 상황에서 벌어지는 일들에 대비책을 마련해 줄 수 있기 때문이다. 경제력이 없다면 지금부터 가장 먼저 경제력을 키워 나가야 한다.

이혼의 과정에서는 예기치 못한 일들이 언제 생길지 알 수 없다. 협의이혼이 안되면, 소송이혼으로 소송비용이 필요할 수 있다. 아이들을 돌봐줄 사람이 없으면, 도움을 받아야 하고, 비용을 지급할 능력이 있어야 좋은 사람을 선택할 폭이 넓어진다. 도움을 받을 사람이 없다면, 당장 하는 일을 쉬어야 하는 상황이 생길 수 있고, 생활을 유지해야 하는 돈이 필요하다.

가족이 분리돼야 하는 상황이라면, 안전하고 편한 곳에 거주할 곳도 마련이 되어야 하고, 극심한 스트레스로 건강상의 문제가 생기면, 치료받고 쉴 수 있는 시간을 보내야 한다.

대비책을 마련하려면 돈이 기반이 되어야 한다. 대비책이 마련되어 있지 않다면, 지금부터라도 경제력을 키우는 방법을 공부해야 한다. 그래야 나를 지키고, 사랑하는 사람들을 지킬 수 있다.

나는 아무런 대비책이 마련되어 있지 않았다. 오롯이 몸과 마음으로 겪어내야 했다. 닥쳐오는 상황은 늘 불안했고, 3년의 세월을 겪으면서 두려움에 잠식된 적이 많았다. 이혼 과정에서 돈이 없다면, 많은 선택권에서 불리하다. 이는 사실이다.

하지만 이혼을 선택했다면 경제력도 내가 성장할 이유로 받아들여라. 경제적 성장을 필요로 했기 때문에 지금의 상황이 벌어진 것이라는 관점으로 바라보아라.

지금껏 경제력을 가져야 할 이유가 없었던 삶에 감사하고, 앞으로 어떻게 하면 돈을 벌 수 있을까? 라는 질문으로 시작하면 된다. 이혼 후에 돈이 없어 몸과 마음이 늘 불안하고 초조했다.

상황이 나아질 때도 불안감은 상황을 쫓기는 자와 쫓는 자로 보여지게 했다. 쉽게 들어온 돈은 쉽게 나갔고, 있는 그것마저도 가지고 갔다. 돈은 나에게 풍요로움을 주었지만, 불행한 경험도 함께 주었다.

돈을 다룰 줄 알아야 한다. 적은 돈부터 모아보고. 사용할 곳을 선택해서 사용해 봐야 한다. 돈은 인격을 가지고 있다고 한다. 겸손하지 않은 사람에게는 돈이 오래가지 않아 떠난다. 내가 돈에 대해 얼마나 알고 관리 할 수 있는지 스스로 경험해보아야 한다.

돈을 다루다 보면, 모으는 상황에서 풍요로운 감정을 얻고, 잃을때에는 큰돈을 모을 수 있는 그릇을 키운다. 나누는 경험에서는 감사의 감정을 느끼고 비로소, 돈과 나의 관계를 이해하게 된다.

.

"무릇 있는 자는 받아 풍족하게 되고, 없는 자는 그 있는 것까지 빼앗기리라."

성경 마태복음 25:29절의 이 비유는 하느님께서 각 사람에게 가진 재능을 어떻게 활용하느냐에 따라 결과가 달라진다는 내용이다. 저자는 이 구절을 이렇게 바꾸었다.

"무릇 마음이 풍요로운 자는 받아 풍족하게 되고, 마음에 결핍이 있는 자는 그 있는 것까지 빼앗기리라."

.

인생은 내 안에 있는 것이 밖으로 나타나는 것이다. 나를 지킬 힘이 내 안에 있으면 사랑하는 사람도 지킬 수 있다. 과정을 풍요로움으로 채워라. 그러면 더 풍족하게 채워지는 현재를 발견할 것이다.

부디 이혼에 성공하는 과정을 풍요로운 마음으로 즐기고, 사랑하는 사람들을 지키는 새로운 삶의 방식으로 멋지게 살아가길 바란다.

- 이혼에 성공해야, 원하는 인생으로 나아갈 수 있다

 나는 결혼을 하고 책을 참 많이도 읽었다. 책을 읽고 있으면 내가 세상에 도태되어 있다는 생각이 전혀 들지 않았다. 아이들과 놀 때도 책을 읽어주며 놀았다. 그럴 때면 내가 똑똑하지 않아도 어린이집을 보내지 않아도 아이들에게 좋은 교육을 한다는 생각이 들었다.

나는 좋은 엄마가 되고 싶었다. 원하는 책을 마음껏 읽고 글도 쓰는 작가도 되고 싶었다. 하지만 그런 것도 부부가 서로서로 의지하며 사이가 좋아야 할 수 있는 것이라고 잘못 생각했다.

전업주부로서 경제권 하나 없는 나에게는 높은 벽처럼 느껴졌다. 막연하게 스쳐 가듯 '나도 언젠가는 작가가 되고 싶다. 마음껏 책을 읽고 글을 쓰고 사람들과 소통해보고 싶다.' 생각만으로도 행복했고, 그래서 책을 더욱더 열심히 읽었다.

하지만 책만 읽는다고 해서 내 인생이 변하지는 않았다. 여전히 돈은 없었고 할 수 있는 일도 없었다. 그는 내가 일하는 것을 원하지 않았다. 이혼을 결정할 때 이유가 그것뿐 이겠는가? 그와 나는 성장도 존중도,

배려도 받지 못했다고 느꼈다. 큰 맥락의 이혼 사유일 것이다.

사람은 꿈꾸는 만큼 성장한다. 이혼해야 성장하는 것은 아니다. 하지만 내 안에 있는 것들이 세상에 나타나는 법이다. 마음속에 종일 저주와 죄책감만을 품고 있는데 어떻게 행복할 수 있을까?

나는 아이들에게 행복한 엄마로 기억되고 싶었다. 그래서 이혼을 결심했다. 소송으로 진행하는 이혼 과정은 3년 정도 걸렸다. 오갈 때 없이 시작된 이혼 소송에서 아이들을 두고 나올 수밖에 없었고 양육권도 아빠에게 주어졌다.

아이들은 내가 걱정했던 것보다 잘 지내 주었다. 부부관계와 부자 관계는 같은 관계가 아니다. 엄마와 아빠가 서로 미워하면, 집

안 공기부터 냉랭해진다. 이런 환경에서 자라는 것은 좋지 않다. 오히려 아빠와 엄마가 함께 살지는 않지만, 부모의 사랑과 존중을 받으며 웃는 모습으로 사는 것이 좋다. 그래서 선택했을 뿐이다.

이혼은 이혼 과정이 중요한 것이 아니다. 협의이혼이든 소송이혼이든 언젠가는 정리가 된다. 그 시간 동안 내가 성장하는 쪽을 선택하고 집중해야 한다.

몇 개월이 걸릴지 몇 년이 걸릴지는 나도 상대도 변호사도 알 수 없다. 그 시간을 정해주는 변호사는 없다. 아이와 함께 있거나 혼자 있거나 결국 이혼을 선택했다면 이혼은 하게 된다.

그 시간을 힘들다는 이유로 목표 없이 흘려보내게 되면 이혼은 의미가 없다. 이혼의 성공은 이혼하는 것이 아니다. 이혼의 진정한 의미는 과정에 있는 것이다. 나의 잘못된 관계를 정리하고 새롭게 성장하기 위한 길을 선택하는 것이다. 또한 아이들을 지금보다 좋은 환경에서 자라게 하는 것을 책임지는 것이다.

이 과정에서 성공해야, 진정 이혼에 성공하는 것이다. 이것을 통해 원하는 인생으로 나아갈 수 있다. 지난 잘못은 그냥 흘려보내야 한다. 이혼을 결정하는 동안 스스로 충분한 벌을 받았다. 그렇게 결정하고 이제부터는 자신을 책임지면서 살아야 한다.

관계에서 누군가에게 의지해 보았고, 믿어 보았지만 결과는 처참하다는 것을 절실히 알게 되었다. 우리는 각자의 북극성이다. 내가 중심에 있고 아이들은 나와 가장 가까운 그곳에 있다. 나의 배우자 또한 하나의 북극성이었지만, 나를 돌보아 주는 사람은 아니라는 사실을 알아야 한다. 내가 구심점이 되어야 한다. 다른 것들은 내 주변에 있는 관계일 뿐이다.

그 관계를 어디에 배치할지 또한 내가 선택하는 것이다. 내가 없다면 관계 또한 없는 것과 같다. 내가 원하는 삶을 살아야 한다. 내가 나를 빛낸 후에 내 주변으로 모여드는 관계를 적절한 곳에 배치해야 한다.

나는 빛나는 사람이 되고 싶었다. 아니 빛나는 엄마가 되고 싶었다. 누구의 말도 중요하지 않다. 내가 원하는 삶이란 누군가의 의견이 아니다. 내 마음속 깊은 곳에서 나를 응원해 주는 목소리이다. 그곳으로 가야 한다.

처음 출근한 날 변변한 옷 한 벌이 없어 엄

마가 입던 검은 정장 재킷을 입고 나갔다. 살면서 머리에 염색이라는 것은 하지 않아서 몰랐는데 처음 보는 누군가가 조용히 나에게 말했다.

"얼굴은 젊어 보이는데 머리가 하얗네"

슬펐다. 아이들이 보고 싶어서 슬펐고, 내 신세가 너무 처량해서 슬펐다. 그렇게 나는 며칠을 출근한 회사의 화장실에 숨어서 울었다. 그러면서 나는 다짐했다. 내가 원하는 인생을 살 것이다.

이혼을 결심하고 5년이라는 시간이 흘렀다. 이 시간 동안 참 많은 일들을 했다. 내가 학교를 졸업하고 이혼을 결심했던 시간보다 5년 동안 많은 일들이 있었다. 이 시간을 보내고 나니, 조금씩 내가 원하는 방향으로 삶이 맞춰지고 있었다는 생각이 자주 든다.

이혼을 결심했던 시간부터 지금의 5년이라는 시간 동안 나는 한결같이 원했던 것이 있었다. 늘 웃는 엄마가 돼야지. 아이들과 행복한 시간을 보내야지. 자식으로써 자랑스러운 딸이 되어야지. 스스로 경제적 자립해야지. 이 사회에서 당당히 나의 자리를 만들어야지. 책을 마음껏 읽어야지. 작가가 돼야지. 세상에 선한 영향력을 전하는 사람이 돼야지.

아직도 나는 과정에 있다. 죽을 때까지 내 삶은 과정일 것이다. 끊임없이 시도하면서 나는 나의 북극성을 지켜나갈 것이다. 내가 가장 사랑하는 아이들을 가장 가까이 두고 지켜주고 사랑해줄 것이다. 이제는 나에게 그럴 힘이 있으며, 내가 원하는 인생으로 나아가고 있음에 하루하루가 감사하다.

결혼생활과 지금의 생활에 무엇이 좋고 나쁘고는 없다. 세상에 원래 좋은 것도 나쁜 것도 없다는 사실을 알아가고 있다. 삶은 세상과 나와의 관계이다. 나는 지금 세상에 감사한다. 나에게도 감사한다. 이렇게 잘 살아주고 있는 나 스스로 머리를 쓰다듬어 주고 싶다. 가끔은 울고 슬프지만, 그 눈물은 분노의 눈물이 아닌 사랑의 눈물이 되었다.

울고 있는 나도 웃고 있는 나도 점점 좋아지고 있다. 이것이 이혼의 성공이라고 필자는 진심으로 생각한다.

- 이혼에 성공해야, 꿈을 꿀 수 있다.

"당신이 가장 원하고 가장 두려워하는 것은 사실은 당신이 가장 필요한 것이다."

미국의 성공 철학자이자 작가인 나폴레온 힐의 명언이다. 내가 이 명언을 가슴에 새긴 이유는 이혼을 경험하면서, 몸과 마음으로 이혼의 목적을 깨달았기 때문이다.

살면서 실수와 실패를 경험하지만, 작은 실수와 실패는 기억에 오래 남지 않는다. 아이를 두고 나온 선택의 두려움 앞에서 나는 내가 가장 원하고 가장 필요한 것을 알게 되었다. 그것은 나 자신으로 온전히 사는 것이다. 사랑하는 아이들과 행복하게 사는 방법은 온전히 나 자신으로서 살아가는 것이다.

"당신의 꿈을 비웃는 사람들에게 절대 흔들리지 마라. 오직 당신만이 당신의 꿈을 현실로 만들 수 있다."

친정엄마는 이혼을 결심한 나를 받아주지 않았다. 아이와 집에서 나온 후, 갈 곳이 없고, 돈이 없어서 엄마에게 집에 들어갈 수 있게 해달라고 울며불며 사정을 여러번 했지만, 소용이 없었다.

갈 곳이 없던 나는 아이를 쉼터에 데리고 갈 수가 없었다. 냉정하게 연락을 끊어버린 친정엄마는 아이와 함께 살던 곳으로 돌아가라고 하셨다. 하지만 나는 죽지 않으려고 이혼을 선택한 상황이었다.

친정집으로 아이를 데리고 들어갈 용기도 내지 못했다. 그곳에 가서 사랑하는 아이가 겪을 일을 떠올리니, 아이를 아빠에게 보내주고, 나는 쉼터로 들어가는 것이 아이에게 나은 환경이라고 생각했다. 지금 돌아보면, 그때의 내가 하는 선택은 어둡고 무거웠다. 삶이 어둡고 무거웠기 때문이다.

이혼을 선택하고 힘들었던 부분은 가족들의 냉담함이었다. 지금은 '그 마음이야 오죽했을까?' 이해되지만, 혼자가 아닌 아이를 데리고 나온 상황에서, 아이와 나를 받아주는 가족이 없다는 서러움은 내 존재 자체가 사라지는 느낌이었다.

내 안이 어둠으로 가득했기 때문에 주변 모든 것들이 나에게는 어둡게 보여졌다는 것을 지금은 알지만, 그때는 세상 모든 것이 나에게 적대적으로 느껴졌다.

태어난 것 자체가 잘못되었다는 분노와 억울함이 가득했다. 나에게는 꿈이 있었다. 이혼을 선택한 것은 잦은 부부싸움이 이유가 아니다. 내 삶 자체가 송두리째 무너지는 감정을 수시로 느꼈고, 모든 정신과 육체가 멈춰버린 상태였다.

꿈은 소망이 아니라, 소명이다. 내가 태어난 이유이다. 내가 살아가는 이유이다. 엄마의 역할도 나의 소명이다. 이혼은 그 소명을 저버리려고 하는 것이 아니다. 그 소명을 이루어 내려고 하는 것이다.

하지만, 사람들은 타인의 소명에 관심이 없다. 자신의 관점에서 평가하고, 판단하기 때문에 나의 소명을 설명해도, 이해할 수 없다. 그래서 나의 이혼은 엄마에게 부끄러운 자식의 상처로 남았고, 그에게는 몹쓸 엄마가 되었다.

이혼은 소명을 완성하는 데에 목적이 있다. 나의 소명을 완성해야 이혼이 성공하는 것이다. 내 소명을 알고 지켜나가야 한다. 그 소명은 나폴레온 힐의 말처럼 "내가 가장 원하고 두려워 했던 것이다. "지금 내가 가장 원하고 두려워했던 것을 노트에 적어 보아라,

그러면 명확하게 나의 소명들이 나열될 것이다. 바로 그것을 위해 나는 이혼을 선택했다. 이혼의 과정은 이 소명을 이루어 내

는 노력과 인내의 과정이다. 내가 가장 원했지만, 두려워서 하지 못했던 것들이 바로 나의 소명이다.

누구의 이해를 구할 필요도, 설득할 필요도 없다. 이혼을 선택했다면 묵묵히 나의 소명을 믿고 이루어 내야 한다. 넘어지면 다시 일어서면 된다. 뼈가 부러지면 아물 때까지 쉬어 가면 된다.

하지만 포기하면 안 된다. 포기하는 순간 이혼은 소명이 아니라 상처로 남을 것이다. 목표를 이루는 과정을 포기하면, 이혼 후 삶은 짧은 순간에 무너질 수 있다. 그리고 부끄러운 과거로 남는다. 무너진 삶을 다시 돌이키는 데에는 처음보다 더한 고통과 시간을 들여야 하는 것을 꼭 명심하고 살아야 한다.

아이들이 있는 상황에서 이혼하게 되니, 아이들에 대한 죄책감이 나를 가장 힘들게 했다. 그래서 나는 더욱 이혼을 죄책감과 상처로 만들고 싶지 않았다. 때로는 넘어지고 뼈가 부러졌지만 나는 일어서고 쉬어가면서도 멈추지 않고 도전했다.

나의 꿈을 하나씩 이루어 내는 과정이 나의 소명을 다하는 것이기 때문이다. 내가 스스로 돈을 벌고, 경제적으로 자립하고, 성장하면서 아이들을 지켜나가는 것이 나의 소명이다. 내가 원하는 목적지에 도착할 즘엔 이미 성공하고 있는 내가 있으리라는 것을 나는 믿는다.

내 소명은 나를 믿고 기다려 주고 있다. 포기하지만 않으면 된다.

" 어두운 밤이 지나야 태양이 떠오른다."

라고 영국의 정치가이자, 외교관 에드워드 우드가 말했다.

어두운 밤은 밝음이 있어야 함께 조화를 이룬다. 지금 가장 어두운 밤을 지나고 있다면, 태양이 곧 떠오르는 것을 의심하지 말고 꾸준히 나아가야 한다. 부디 이혼하고 실패한 인생을 두 번 세 번 반복하지 않기를 바란다.

이혼에 성공하는 것은, 꿈을 꾸고 목표로 향하는 과정임을 잊지 말아야 한다.

우리는 이혼했다고 하지 말자. 또 다른 꿈을 가졌다고 말하자.

제3장. 이혼에 실패하면, 인생은 끝장이다.

– 이혼에 실패하면, 두 번 죽는다

한국 사회는 이혼 열풍이다. TV에도 이혼 이야기가 쏟아져 나오고 있다고 해도 과언이 아니다. 언제부터인지 모르겠지만, 한국 사회에서 이혼이라는 말이 불편하지 않게 들릴 정도이다. 물론 현실에서는 아직 체감의 정도가 높다고 생각되지는 않는다.

아직도 사우나에 가면, 아이가 있냐, 어디에 사냐, 물어보고, 직장 내에서도 삼삼오오 모이면 남편 이야기나, 아이들 이야기, 시댁 이야기가 대부분인 경우가 많다. 이혼한 후에 주변에서 불쑥 묻는 말들에 당황한 경우가 많다.

오랜만에 동창들과 만나면, 이혼한 친구들이 줄지 않고 늘어난다. 어릴 적 비밀 없이 지내던 친구들이지만 이혼 얘기는 조심스럽다. 시답지 않은 소리로 즐겁게 놀지만, 40대 후반이 되니, 각자 삶의 고단함을 말하지 않아도 알 수 있게 되었다.

이혼 후에 별일 없이 사는 사람들이 있다. 이혼하지 않고도 고단한 삶을 사는 사람들도 있다. 문제는 이혼 후 삶이 나락으로 추락하는 사람들이 의외로 많다는 것이다.

이혼 후에는 극심한 우울증이 함께 오는 경우가 많다. 이유는 상실감과 공허함, 경제적 어려움과 외로움 등 스스로 통제하지 못할 정도로 많은 감정이 올라오기 때문이다.

이 모든 감정을 통틀어 나는 두려움이라고 말하고 싶다. 가족이라는 굴레에서 벗어나, 신체 부위 어딘가가 떨어져 나가는 정신적, 육체적 고통을 저자도 오랜 시간 겪어왔다.

이 당연한 두려움을 극복하는 과정은 절대 쉽지 않다. 살고 싶어서 결정한 이혼에서 죽음을 마주해야 했고, 강해지고 싶었던 마음은 어느새 조금만 건드려도 부러지기 직전의 마음이 되어있었다.

과거와 미래의 연결과 단절된 상황에서 현재의 실패만을 반복해주는 마음은 빛도 희망도 보이지 않았다. 그래서 이혼은 그냥 살기 싫다고 할 수 있는 것이 아니다. 이혼을 경험한 사람은 누구나 그 고통을 안다.

이혼은 절대 해어짐이 목표가 아니다.

내 몸의 신체하나를 스스로 떼어내는 정신적, 육체적 고통을 겪는다. 이 심연의 나락을 견디지 못하면, 같은 실수를 반복하게 된다. 외로움을 견디지 못해 타인에게 의존한다. 내 텅 빈 마음을 내버려 두지 못해 타인으로 채운다.

이혼 후에는 반드시 나를 바로 세우는 시간을 가져야 한다. 오랜 시간을 공들이더라도 경제적 정신적 사회적 자립을 이루고, 마음에 상처가 아물 시간을 두면서 내 감정들을 충분히 경험하게 하고, 위로하고, 보내줘야 한다.

이혼 후의 시간을 충분히 아파해야 한다. 그래야 내가 다친 부분을 치료하고, 돌보아 줄 수 있다. 혼자 있는 시간을 충분히 견뎌내다 보면, 내가 성장하고 있다는 사실을 자각하는 때가 온다. 비로소 이때가 고통에서 성장으로 한 계단 오른 것이다.

이 시간을 몸과 마음으로 알아차릴 수 있을 때까지 혼자서 견뎌내 주기를 바란다, 저자는 이 시간을 외부에서 위로받고 공감받으려고 발버둥을 쳤다.

하지만 내면을 채우지 않고, 외부에서 채운 충족감은 금세 더 큰 공허함으로 돌아왔다. 같은 경험을 계속 반복하고 있었다. 이혼 후의 시간은 신께서 주신 선물이다. 비로소 나 자신을 바로 세울 수 있는 소중한 시간이다.

이혼에 실패하면 두 번 죽는 것이 아닌, 세 번, 네 번 죽을 수 있다. 이 시간을 바로 세우지 않고, 시기를 놓치면, 더 이상 회복할 수 없게 된다. 이 사실은 정확하다.

이혼에 실패하지 않으려면, 이혼을 선택한 순간부터, 나를 바로 세우는 것에 목표를 두고, 스스로 자립해야 한다.

그 시간을 오롯이 견뎌내면 이 시간이 왜 축복이었는지 알게 될 것이다.
저자가 약속한다.

- 이혼에 실패하면, 파산한다.

"내공(內功) : 오랜 기간 무예 따위를 숙련해서 다져진 힘과 기운 "

내공이라는 말은 무협지에서 많이 나오는 단어이다. 저자는 이혼의 과정이 내공을 쌓을 수 있는 기회이자, 축복이라고 생각한다.

조용헌 작가는 '내공'이라는 책에서 인간이 스스로 내공을 쌓을 수 있는 인생의 4대 과목을 뽑았다. 이혼, 감방, 부도, 암이다. 이 4가지 과목을 이수하면 스스로 노력하지 않아도 스스로 도를 닦는 경지에 오른다고 한다.

이 과정에서 흘리는 피, 땀, 눈물, 세 가지를 바가지로 흘리면서 쌓고 싶지 않아도 자동으로 내공이 쌓인다고 한다.

듣기만 해도 섬뜩한 내공이지 않은가? 인간이 살면서 가장 두려워하는 4가지가 내공을 쌓는 비법이라니. 인생은 아이러니하다. 하지만 저자는 조용헌 작가의 이 말에 깊이 공감한다.

세상에 부자보다 가난한 사람이 많은 이유도 내공의 시각에서 보면 실패한 사람보다 도전하지 않은 사람이 많기 때문이라고 생각한다. 인간은 피, 땀, 눈물 흘리기를 두려워한다.

두려워서 시도하지 못하고, 시도해보지 않고, 도전하는 사람을 비난하는 사람이 많은 이유다. 이혼의 과정에 실패하면 나머지 3과목을 몸으로 겪어야 할 수 있다.

이혼의 과정에서는 피, 땀, 눈물을 흘리는 것이 내공을 가장 빠르게 쌓는 비결이다. 빠른 길로 가면 경험이라는 기회를 놓치게 된다. 누군가의 도움이나, 거저 얻어진 것은 뒤끝이 나쁘다. 나 자신을 기만하고, 포장하면 삶이 빈껍데기가 된다.

이혼을 결정한 순간부터 내공이 쌓이게 된다. 하지만 이 시간을 내면에 죄책감으로 채색해서 보내면 내공이 쌓이지 않는다.

피, 땀, 눈물을 내가 원하는 방향으로 선택해서 과정을 즐겁게 보내야 한다.

저자는 이혼 후 오랜 시간 자신을 탓했다. 이성으로는 최선의 결정이라고 생각했지만, 무의식에 죄책감이 있었다는 것을 깨닫는 시간까지 오래 걸렸다. 나를 안다는 것은 외면적이고, 이성적인 것이 아니라, 내면의 깊은 것, 무의식을 안다는 것이다.

이혼 후, 내 무의식 즉 생각을 충분히 변화해야 한다. 이것이 내공이다. 내공을 쌓는다는 것은 외부에 쌓는 것이 아닌, 내면에 쌓는 것이다. 무의식을 죄책감과 비난으로 채우면 나머지 3과목을 이수해야 한다.

원래 나쁜 일은 한꺼번에 온다는 말이 있다. 내면에 결핍이 쌓이게 되면 현실에 결핍이 드러난다. 그래서 나쁜 생각이, 나쁜 현실로 나타나는 과정이 계속 나타나는 것이다.

이혼 후, 사업을 시작하고 내가 책임감이 강한 사람이라는 것을 알았다. 아니 책임을 떠안은 자리에 있었기에 책임감이 생긴 것이다. 하지만 이 책임감이 무의식의 죄책감과 원망으로 채색되어, 좋지 않은 결과로 나타났다.

2번째 인생의 과목을 이수해야 했다. 이혼 후의 사업의 실패는 사리가 나올 경지에 나를 던져 놓았다. ' 나 살아있는 것이 대단하다' 라고 허언이 나온 적이 많았다.
저자는 여러 번 실패의 과정을 지냈다. 이 시간을 버티고 살아남으면서, 피, 땀, 눈물을 많이도 쏟아냈다.

생각보다 세상에 이런 일을 겪는 사람이 많

다. 순진하면 안 된다. 순진한 것과 겸손한 것은 다르다. 이혼에 실패하면 4대 과목을 이수할 수 있다는 것을 꼭 잊지 말고 살아야 한다.

세상에 불행은 나만 비켜 가지 않는다. 이 시간을 겪어내면 축복이지만, 넘어지면 거기서 끝이다. 이혼의 성공은 남에게 보이려고 하는 게 아니다. 나 자신을 지키기 위해서 꼭 성공해야 하는 것이다.

이혼에 실패하면 나를 지킬 수 없다. 이미 관계에서 타인이 나를 지켜주지 못함을 겪었다. 나를 지켜줄 사람은 이 세상에서 나뿐이다. 잘살려고 이혼에 성공하는 것이 아니다. 나를 지키기 위해 성공해야 한다.

인생의 4대 과목은 결코 남의 이야기가 아니다. 이혼에 실패하면 감방, 부도, 암이라는 과목을 이수해야 할 수도 있다. 이 과목을 이수하지 않는 방법은 스스로 피, 땀, 눈물을 쏟아내는 것이다.

이혼 과정과 사업 실패에서 솟아낸 피, 땀, 눈물은 도전과 실패와 시련을 주었다. 하지만 이 과정에서 나를 알게 되었고, 도전과 시련과 행복을 경험했다. 시도하지 않았다면, 겪어보지 못했을 세상의 밝은 면과 어두운 면을 알았다.

5년이라는 시간 동안 나는 경험을 쌓았다. 시도하지 않았다면 절대 얻지 못했을 경험을 나의 무기로 만들었다.

나는 이혼하고, 도전한 나를 사랑한다. 실패한 나도 사랑한다. 실패와 성공은 함께 있다는 것을 이제 내공으로 알 수 있다. 도전을 두려워하지 말아라. 실패가 무서워 도전하지 못한다면 절대 성공의 열매를 가질 수 없다.

이혼의 과정에서 실패하면, 파산한다. 이 과정을 도전과 실패와 성공으로 내공을 쌓아야 한다. 내공이 쌓이면 넘어져도 일어설 수 있다. 내 안에 다져진 힘이 있기에 가능하다.

지금이 내공을 쌓는 최고의 기회이다.

- 이혼에 실패하면, 지금 가진 그것까지 모두 잃는다

3년간의 이혼 소송에서 핵심은 양육권을 누가 가질 것인가? 재산분할은 어떻게 나누는가다. 그와 나는 양육권을 주장했으며, 재산분할은 법률 대리인이 정리해주어 법원에 제출하면 형평성에 맞게 판결이 난다.

협의이혼에서 서로 정리가 안 되면 소송이

혼을 하면 된다. 소송이혼이 거북하고 두렵게 느껴지지만, 이혼은 이미 관계가 원만하지 않다는 전제하에 각자의 의견이 맞지 않다는 것이다.

부부와 아이들을 위해 협의이혼이 원만하게 이루어 지면 좋겠지만, 이혼이라는 복잡한 상황에서 현재 상황을 있는 그대로 보고 현재를 판단하기란 상당히 어렵고 복잡하다.

사람은 서로 같은 것을 봐도 다르게 해석한다. 이혼을 선택한 부부도 마찬가지다. 같은 것을 보고 겪었어도 해석이 다르다. 나에게는 사랑의 기억이 그에게 고통이 되는 기억으로 남을 수 있다. 이것은 단지 나의 잘못도 그의 잘못도 아니다. 삶의 방식이 다르고 가치관이 다른 것이다. 단지 서로의 이런 부분을 정리하고 놓아버리는 것을 결정한 것이다.

연예인 최민환과 율희 씨의 이혼도 처음에는 협의이혼으로 최민환 씨가 양육권, 친권을 모두 갖고, 위자료와 재산분할 없이 이혼했다. 그러나 이후 상황이 변해, 서로의 견해차로 다시 법적 소송을 제기하였다.

이런 일은 왜 일어났을까? 누구의 잘잘못이 중요한 것이 아니다. 율희 씨는 그 당시 부부와 아이들에게 가장 올바른 방법이라고 판단했지만, 시간이 지나고 상황이 달라져, 생각이 변하였다. 이후 서로 견해차로 인해 다시 법적 소송을 하게 되었다.

현재 상황은 지속되지 않는다. 사람은 상황이 변하면 생각이 변한다. 그리고 점점 변화하고 성장해야 한다. "나는 변하지 않는다". 라고 말하는 사람은 어리석은 사람이다. 그런 사람은 자신은 변하지 않았는데 상대가 변했다며 우격다짐하는 사람일 확률이 높다.

나는 '이혼에 그나마 준비된 자'가 아니었다. 내가 생각하는 '이혼에 그나마 준비된 자'는 경제력이 있는 사람이다. 경제력이 있으면 아이들을 좀 더 나은 환경에서 키울 수 있고, 시간을 두고 현재 상황을 원만하게 선택할 수 있는 사람이다.

나는 처음부터 소송이혼을 준비하지는 않았다. 돈도 없었고, 방법도 몰랐다. 쉼터 수녀님의 도움으로 소송이혼을 했다. 삶은 내가 원하고 선택하는 방식으로 이루어지지 않는다. 또한 모든 것을 내가 주도 해서 할 필요도 없다.

하지만 지금 상황을 명확하게 볼 수 있어

야 한다. 그것이 어렵다면, 법률 대리인에게 상담받아보기를 권한다. 한군데가 아니고 여러 지역으로 세 군데 정도는 상담받기를 추천한다. 소송비용이 지역에 따라 천차만별이라는 것을 경험으로 알게 되었다.

대부분의 이혼 소송은 법적 테두리 안에서 원만하게 이루어지기 때문에 큰 비용을 내야 하는 것은 아니다.

그리고 자신의 상황을 주변 사람들과 친구들과 나누지 않기를 권한다. 같은 경험을 가지고 극복하여 현재 성공한 삶을 사는 사람에게 상황을 이야기하고, 조언이나 도움을 받아라. 지금의 상황은 곧장 변화할 것이다. 현재의 현실에 매몰되어 판단하여 말을 뱉어내고, 행동하면 후회할 일만 계속 생긴다. 이 또한 저자의 경험으로 체득하였다. 살면서 이혼이 아닌 모든 일에 유용하다.

현재 잃은 것에서 초점을 바꿔라. 지금 내가 가진 것으로 초점을 바꾸어야 한다. 아이와 함께 있다면 감사하라. 아이가 건강하게 지내고 있다면 감사하라. 지갑에 천 원 한 장이라도 있다면 감사하라. 아니 살아있다는 것에 감사하라.

지금이 미래이다. 지금의 현실이 내일을 만든다. 어제의 당신이 오늘을 만들었던 것처럼 지금의 당신이 내일을 만들 것이다. 이렇게 서서히 당신은 변화할 것이다. 당장 슬펐던 어제는 모두 잊고, 지금 있는 모든 것에 감사하면 내일부터 세상은 당신에게 기적 같은 선물을 준비하기 시작한다.

소송을 준비하고, 일자리를 알아보면서 매일매일 걸었다. 가만히 있으면 심장이 빠르게 뛰고 걱정이 몰려왔다. 울면서 걷고, 걸었다. 그러면 생각이 정리되고, 상황을 기다리는 힘이 생겼다.

쉼터에서 나와 눈뜨면 걷고, 여기저기 이력서를 내고, 소송을 준비하며 하루하루를 보냈다, 첫 출근날 모든 상황이 낯설고 어색했다. 몸도 마음도 추스르지 못한 상황에서 애써 아무렇지 않은 척해야 하는 모든 상황이 힘이 들었다.

밤마다 퇴근하면 대강 저녁을 먹고 뛰었다. 집에 들어오면 아이들에게 일기형식의 편지를 썼고, 몸이 지쳐서인지 눈을 뜨면 불이 켜진 방에서 언제 잠들었는지도 모르게 잠이 들어있었다, 어느새 잠을 잘 수 있게 되었다.

" 비참해지는 비결은 자신이 행복한지 아

닌지에 대해 고민할 여유를 갖는 것이다 "

'조지 버나드 쇼'의 이 말에 동의한다. 고민할 여유를 갖지 말고, 바쁘게 일해서 내가 경제력을 갖추고 성공으로 나아가면 지금의 고민은 어느새 사라진다.

이혼에 실패하지 않고, 지금 가진 모든 것을 잃지 않는 방법은 내가 가진 모든 것으로 초점을 바꿔 감사하고, 운동하고, 열심히 일하는 것이다. 이렇게 하루하루 지내다 보면 어느새 기적 같은 오늘을 보게 될 것이다.

- 이혼에 실패하면, 우울증에 걸린다.

이혼을 경험한 사람들의 이야기를 들으면 우울증은 거쳐야 할 관문이라는 생각이 든다. 이혼을 생각하는 순간부터 죄책감과 자기 비하가 시작된다. 우울증은 가정을 지켜야 한다는 생각과 헤어져야 한다는 상반된 감정과 상황에서 비롯된다. 결국 더 이상 버티지 못하는 정신적, 육체적 순간을 맞닥뜨리게 된다.

이 시간이 길수록 우울증이라는 병이 생기는 것은 어쩌면 당연하다. 어느 순간 아이들을 봐도 웃을 수 없었고, 몸은 무기력했다. 세상과의 모든 연결이 끊긴 것 같아, 살아야 할 이유를 찾을 수 없었다.

내가 아이들을 보고 웃을 수 없을 때. 더 이상 결혼생활을 유지하면 안 된다고 결정했다. 사랑하는 아이들이 눈앞에 있어도, 살아있을 이유를 찾지 못하는 나 자신이 끔찍했다.

내가 결혼생활을 유지해야 할 이유는 아이들인데, 아이들을 보고도 행복하게 웃어줄 수 없다면, 이 결혼생활은 누구를 위한 것인가? 라는 생각에 정신이 번뜩 들었다.

이혼의 과정은 겪어보지 않고서는 절대 알

수 없다. 사람은 자신이 경험하지 않은 일을 공감할 수 없다. 시간이 지나고 보니, 이 우울증이 날 살려준 고마운 병이었다.

죽어가고 있는 나를 알려준 것은 다른 누구도 아닌 우울증이었다. 나 자신을 자책하며, 고통을 견디고 있던 내게 더 이상 너는 버틸 수 없다고, 웃을 수 없다고 알려준 고마운 녀석은 우울증이라는 이름을 가지고 나를 찾아왔다.

우울증마저도 무시하고 살았다면 극단적인 돌이킬 수 없는 상황이 왔을 수도 있다. 결혼생활에서 살아내야 한다고 발버둥 쳐봤지만, 해답이 없었다. 아이들을 위해 나만 참으면 된다고 생각했다. 내 감정을 꾹꾹 밟아가며 살았지만, 결국 우울증은 날 주저앉혔다.

우울증은 '네가 지키려는 아이들을 이 상태로 절대 지킬 수 없다'라고 말해주었다. 우울증은 두려운 무엇이 아니다. 극복하지 못하는 정신병이 아니다. 우울증은 버틸 수 없음을 알려주는 신호이다.

지금의 방법으로는 살아갈 수 없다는 신호이다. 우울증을 그냥 지나쳐서는 안 된다. 아니, 우울증을 경험해본 사람이라면 알 수 있다. 무기력의 늪으로 정신과 몸이 빨려들어가, 발버둥 치면 칠수록 더 깊이 빨려들어간다.

하지만, 우울증은 극복해야 한다. 내가 스스로 할 수 없다면 도움을 받아야 한다. 돌이킬 수 없는 상황은 결코 해답이 될 수 있다. 우울증은 극복할 수 있기 때문이다.

우울증은 회복으로 돌아가야 한다는 신호

이다. 나를 살려야 한다. 나를 외면하면, 누구도 도와줄 수 없다. 두려워하지 말고 극복해라. 극복하고 나면, 우울증에 걸린 나에게 감사할 때가 온다.

"네 삶이 아무리 초라해 보여도 그것을 직면하고 살아가라. 외면하거나 험담하지 마라." '헨리 데이비드 소로'의 말처럼 외면하지 말고 직면하고 나아가야 한다. 우울증을 극복하지 못하면, 이혼에 실패한다.

프리드리히 니체의 '차라투스트라는 이렇게 말했다'에서 아이와 결혼에 대하여 편을 소개한다.

"나는 그대의 승리와 그대의 자유 스스로가 아이를 갈망하기를 바란다. 그대는 자신의 승리와 해방을 기리기 위해 살아 있는 기념비를 세워야 한다.

그대는 그대 자신을 넘어서서 자신을 세워야 한다. 그러기 위해서 그대는 우선 그대 자신, 그대의 몸과 영혼을 반듯하게 세워야 한다. "

나는 나를 알지 못했다. 몸과 영혼을 반듯하게 세우지 않은 채 선택한 결혼에서 아이들을 낳았다. 자신을 지키지 못한 체 결혼으로 나를 지키려고 했다.
누구의 탓이겠는가? 모두 내 탓이다.

우울증도 날 받아들이는 과정에서 회복할 수 있다. 나의 부족함을 받아들이고, 스스로 승리하고 자유로워질 때, 나의 몸과 영혼을 반듯하게 세우려고 노력하는 과정에서 회복도 함께 온다.

"그대들은 언젠가는 자신을 넘어서서 사

랑해야만 한다! 그러니 우선 사랑하는 법을 배우도록 하라! 그대들이 사랑의 쓰디쓴 잔을 마셔야만 했던 것도 그 때문이다."

나는 나를 넘어서지 못했다. 그리고 사랑하는 법을 몰랐다. 이혼과 우울증이 온 이유도 이 때문이라고 생각한다. 나 자신을 넘어서지 못하면, 우울증은 극복할 수 없다.

내가 우울증에 걸린 이유는 누구 때문이 아니었다. 나 자신 때문이었다. 그렇기에 나는 더 이상 원망하지 않고, 나 자신을 극복하기로 선택했다.

이혼에 실패하면 나 자신을 넘어설 수 없다. 그리고 나 자신을 사랑할 수 없다. 나의 기념비들을 실패한 엄마를 기리기 위해 세우면 안 된다.

이혼에 성공하면 알 수 있다. 나의 기념비 들은 '자신을 극복한 엄마', '자유로운 엄마', '자신을 사랑하는 엄마'로 새겨 질 것이다.

제4장. 남편에게 잡아먹히지 않는 5가지 방법

- 첫 번째: 지금 겪는 아픔보다 더 강해져야 한다.

세상에는 소송이혼만 있는 것이 아니었다. 그는 나에게 다른 소송을 더 하였고 나 또한 소송하였다. 그때는 내가 살기 위해 모든 것을 했다. 아이들을 만나야 한다는 신념으로 아무것도 보이는 것이 없었다. 소송비용을 내야 했고 일해야 했고 아이들을 보지 못할까 봐 두려웠다.

소송이라는 단어 자체가 무섭고 어려웠다. 한때는 부부였고 지금도 부모인 사이에서 소송으로 서로를 인신공격해야 하는 상황이 어처구니가 없었다. 무서웠지만 나는 엄마이기 때문에 아이들을 만나야 하는 권리를 찾아야 했다.

돈이 없고, 아이들을 고생시키지 않으려고 아이들을 두고 왔던 내 마음 따위는 중요하지 않았다. 서로의 치부를 드러내는 소송에서 서로 승자가 되어야 했다. 법은 부모와 아이들의 마음보다는 부모의 경제력. 현재 상황만을 본다.

 시간이 지나고 모든 것이 마무리되고 보니, 이것 또한 지나가면 아무 일도 아니라는 생각이 든다. 살면서 어차피 볼 것 못 볼 것 다 보여주고 사느니 조용히 어른들끼리의 법정 대리인을 두고 하는 서류 분쟁일 뿐이다.

교도소를 가는 일도 아니고, 단지 마음만 상할 뿐이다. 서로 얼굴 보고 붉힐 일도 없다. 상황을 이야기하면 변호사가 알아서 다 정리하여 준다. 나는 통보만 받으면 된다.

이런 것이 뭐 그렇게 대단했나 하는 생각이 든다. 살면서 더 중요한 일은 이런 것들이 아니다. 내가 경제력이 있으면 소송비만 내면 된다. 아이들은 내가 키우든 주말에 만나든 양육비를 잘 주고, 만났을 때 행복하게 지내고 사랑을 채워가면 되는 것이다.

내가 상황을 어떻게 바라보느냐에 따라, 사소한 것도 큰일이 되는 것이고, 큰일도 사소한 것이 된다. 정말 중요한 것은 경제력을 키우고 내 삶의 방향을 잡고 성실히 나아가는 것이다.

이혼을 결심했다면 그가 하는 모든 일에 적절하게 대응하면 된다. 내가 지켜야 할 의무가 있다면 책임을 지면 된다. 상황에 맞게 내가 원하는 방식으로 나를 지키고 아이들도 지킬 수 있다.

중요한 건 경제력 즉 돈이다. 내가 하지 못하거나 모르는 일은 법정 대리인에게 상의하면 아주 친절하게 알려준다. 누구도 억울하지 않게 법은 이혼에 대하여 친절하게 안내해 준다. 단지 인내심을 갖고 상황을 지켜보면 된다.

누구의 책임도 묻지 말고 모두 나의 책임이라는 마음으로 "내가 왜 이혼을 결정했는가"라는 질문에서 시작하면 된다. 이 질문의 방향을 지켜서 한 걸음씩 나아가면 해결되지 않는 일은 없다. 내가 작은 사람이 되면 잡아 먹힐 만큼 상대가 두려운 존재가 되는 것이다.

내가 큰 사람이 되어야 한다. 그러면 온전히 그도 나도 아이들도 있는 그대로 보인다. 지금 겪는 아픔에 주눅 들지 않아야 한다. 이 아픔보다 큰 사람이 되면 그 일은 아무 일도 아니게 된다.

변명하지 말고 피하지 말고 지금 해야 할 일을 하면서 기다려야 한다. 상황은 언제나 변하고 내가 오늘 한 생각과 행동들이 내일을 만들어 준다. 그래야 내가 자란다. 내 마음이 자라고 내 깊이가 깊어진다.

소송비용이 없고, 아이들을 볼 수 없어서 오빠에게 돈을 빌렸다. 쉼터에 있으면서도 소송비용을 갚아야 한다는 마음으로 잠도 안 자고 소송을 준비했다. 조금 더 머물면서 몸도 마음도 추스르라고 했지만, 난 빨리 나가서 일자리를 구해야 한다는 마음뿐이었다.

혼자 피시방에 가서 이력서를 제출하고, 오후 늦게 걸어나 오면 혼자라는 사실에 무서워서 떨었다. 혼자 걷는 오후 시간이 무서웠다, 내가 아이들을 돌본다고 생각하며 살았는데 아이들이 나를 지켜주고 있었다는 생각이 들었다. 아이들 없이 혼자 보내는 시간이 그렇게나 무서웠다. 길에 지나가는 모든 사람이 무섭고 혼자 있는 시간이 지옥 같았다.

문을 열고 아이들이 '엄마' 하고 나타날 것 같았지만, 아무리 눈을 감고 눈을 떠도 나는 혼자였다. 퇴근하고 집에 돌아와 엘리

베이터가 열리면 아이들이 내 앞에 있을 것만 같은 기대감에 문이 열리는 시간을 조마조마하게 기다렸다.

하지만 나는 혼자였다. 소송을 진행하고 있었고 아이들은 아빠와 함께 있었고 그 아빠와 나는 법적 다툼 중이었다. 현실은 늘 그렇게나 깜깜했다. 누구에게도 말할 수 없었고 슬퍼도 혼자 우는 것밖에 다른 방법이 없었다.

죽을 수도 없었다. 아이들이 눈에 밟혀 오로지 자고 출근하고 울고 걷고 소송을 준비하고 소송비를 지급하고 이렇게 시간을 보내며 나는 깨달았다.

내가 혼자 해결해야 하는구나. 누구도 나를 도울 수 없구나. 내가 강해져야 하는구나. 나는 엄마이고, 이런 시간은 언제 끝날지 알 수 없다. 울어도 아이들은 오지 않는다. 슬퍼해도 소용없다. 면접 교섭을 빨리 진행했다.

내가 움직이지 않으면 아이들은 엄마를 볼 수 없구나. 내가 움직여야 한다. 그렇게 나는 면접 교섭까지 3개월이란 시간 동안 아이들을 만날 수 없었다. 그리고 면접 교섭으로 처음 아이들을 만난 날 나는 새로 산 카시트를 장착하고 우리 아이들에게 달려갔다.

이 모든 시간이 지금의 나를 있게 해준 소중한 시간이었다. 겪고 나면 모든 일에는 구름 뒤에 가려진 빛이 있었다. 빛은 원래 거기에 있었고 단지 구름에 가려져서 보이지 않았을 뿐이다.

그리고 이제 난 혼자라는 생각에 울지 않는

다. 그 시간에 운동하고 책을 읽고 글을 쓰고 아이들과 만나서 어디를 갈까 차 한잔 마시며, 인터넷 검색하고 있다.

지금 겪는 아픔에 절대 압도당하지 말아야 한다. 슬프면 울어도 된다. 하지만 마음속으로 끊임없이 되뇌어라.

" 지금 겪는 아픔보다 더 강해질 것이다. 그러면 구름이 걷히고 빛이 당신을 비출 것이다. "

그 빛이 당신을 안내할 것이다.

- 두 번째: 목표를 가져야 한다.

세계적인 동기부여 강사이자 인생 설계사 토니 로빈스는 말했다.

"당신의 과거가 당신의 미래를 결정짓게 하지 마라."

토니 로빈스의 말처럼 남편에게 잡아먹히지 않으려면 과거를 끊어내야 한다. 그리고 현재를 살아야 한다.

인간의 걱정을 4가지로 요약하면 관계. 성공. 건강. 명예(인정)이다. 인간은 끊임없이 이 4가지로 인해 행복하고, 고통스럽다. 현재를 사는 방법은 간단하다. 목표를 정하는 것이다.

목표는 한마디로 차를 타고 가장 먼저 설정하는 내비게이션에 위치를 입력하는 일이다. 내비게이션에 목적지를 정하지 않으면, 차는 움직여 시간은 흐르고, 기름은 닳아 에너지는 소진되어도, 목적지가 없다.

목적지가 없으면. 어디로 가고 있는지, 옳은 방향으로 가는지, 길을 잘못 들었는지 알 수가 없다. 당연한 얘기지만 이혼 후 삶에서 목표가 가장 중요하다.

"목표를 정하라"라는 말은 이제 물리게 들릴 정도다. 이 말을 들으면 '그래, 알고 있어. 당연히 목표를 정해야지'라고 생각한다. 그리고 이것이 끝이다. 그 어떤 실행도 하지 않는다. 노트에 목표를 적어본 사람과 적어보지 않은 사람의 차이만큼 이혼에 실패한 사람과 이혼에 성공한 사람은 삶의 격차가 있다.

'운동해야지'라고 생각하는 사람은 많다. 하지만 정해진 시간에 꾸준히 1년 이상 운동을 하는 사람은 적다. 우리는 경험하려고 이혼한 것이 아니다. 이혼은 삶에서 아주 큰 위기이자 기회이다.

이혼은 두 번 다시 겪어서도 안 되고, 이 과정에서 시간은 빠르게 흘러갈 것이다. 내가 지금 얼마큼 큰 위기에 직면했는지 인정해야 한다. 이 시간은 성공과 실패의 갈림길이다.

목표를 노트에 적느냐, 적지 않느냐로 인생을 또 한 번 송두리째 잡아먹힐 수도 있고, 여유를 가지고 사냥을 할 수도 있다. 목표를 정해라. 지금 나에게 가장 두렵지만, 꼭 이루고 싶은 그것을 노트에 당장 적어라.

어느 날, 집에 있기는 힘들고 갈 곳은 없어, 무작정 차를 몰고 고속도로에 올랐다. '어디든 마음이 끌리는 곳으로 가자'라는 생각으로 핸들을 잡고 달리기 시작했다. 그런데 놀랍게도 나는 매일 출퇴근하던 방향의 이정표를 따라갔고, 그때마다 들리던 경기도에 있는 휴게소에 도착해 있었다. 기가 막혔다.

도착지를 설정하지 않으면, 과거를 반복하게 된다. 사람은 자신을 안다고 생각하지만, 무의식은 우리가 과거에 하던 행동과 생각을 반복해서 삶에 드러낸다. 지금 내가 하는 생각과 공간과 사람을 보면 알 수 있다.

목표를 정하지 않으면, 절대 지금의 방향을 알아차릴 수 없고, 방향을 돌릴 수 없다. 열심히 달려가도 사람, 공간, 시간만 바뀔 뿐 결과는 늘 같을 것이다.

이 얼마나 무서운 영원회귀인가?

독일의 철학자 '프리드리히 니체'의 말처럼 "이 삶을 영원히 무한반복 해야 한다면 당신은 어떤 삶을 살 것인가? '라는 질문은 이혼에서 가장 중요한 질문이다. 이혼의 과정을 실패로 만들지, 성공으로 만들지는 이 질문에서 시작된다.

나는 니체의 질문을 이렇게 바꾸어 보았다. '이혼 후 목표를 갖지 않고 산다면 나는 이 삶을 무한 반복해야 한다.' 이 질문은 사실이다. 이혼 후 목표 없는 삶은 과거를 무한 반복하게 된다.

이혼 후 하루하루를 살아가기 위해 아이들에게 일기형식의 편지를 썼다. 일기장에는 '엄마가 너무 보고 싶어. 엄마 꼭 웃는 모습으로 찾아갈게. 엄마 돈 벌어서 빨리 만나자.' 그때의 심정이었다.

이 글을 시작으로 나는 조금씩 목표를 써나갔다. 글을 쓰며 내 마음을 다잡았고, 나에게 지금 무엇이 필요한지, 어떤 일을 해나가야 하는지, 조금씩 명확해졌다.

목표를 정하면 곧장 나아가지 않는다. 우회전도 하고 좌회전도 하고 돌아가기도 한다.

분명한 것은 목적지에 도착한다는 것이다. 그 길에서 관계를 맺고, 상황을 해결하고, 새로운 경험을 하며, 성장한다. 그리고 목적지에 도착한다.

목적지에 도착하면, 또 다른 목표가 생기게 된다. 한 단계 성장해서, 더 큰 목표가 생기고, 한 계단 한 계단 오르게 된다. 그렇게 성장과 성공은 함께 온다. 이제 내가 큰사람이 되어 남편에게 잡아먹히는 나는 원래 존재한 적이 없다는 깨달음이 온다.

'그동안 목적지가 없었기 때문에 이런 과정을 겪었구나' 하는 앎의 순간이 온다. 인생이 얼마나 즐거운가? 인생은 이렇게 변화한다. 누구도 예외는 없다. 그렇기에 실패가 성공으로 가는 가장 빠른 길이다.

시간은 계속 흘러간다. 시간은 흐르는 것이

아니다. 채워나가야 한다. 이 시간을 붙잡는 방법은 채워가는 것뿐이다. 당장 노트를 펴고 목표를 적어라. 큰사람이 되어서, 더 큰 목표로 나아가라.

목표를 적는 것이 두 번 다시 남편에게 잡아먹히지 않는 가장 빠른 길이다.

- 세 번째: 스스로 똑똑해져야 한다.

지식 사전에 '똑똑하다'를 정의한 내용은 '또렷하고 분명하다' '사리에 밝고 총명하다' '셈 따위가 정확하다.' 등이다. 저자는 이혼에 똑똑해져야 한다를 '분별하라'로 정의하고 싶다.

분별(分別)이란 첫째 서로 다른 일이나 사물을 구별하여 가름, 둘째 세상 물정에 대한 바른 생각이나 판단. 셋째 어떤 일에 대하여 배려하여 마련함이라는 뜻을 가졌다.

이혼이라는 상황에 맞닥뜨리면 가장 먼저 분별력이 흐려진다. 처음 겪는 상황에 당황하고, 의도와 결과는 어긋나고, 결과에는 답이 없고, 언제 끝날지 알지 못하는 알 수 없는 상황이 펼쳐지기 때문이다.

내가 계획한 데로 상황은 흘러가지 않고, 계획을 세울 수도 없으며, 혼자서 모든 일을 처리할 수도 없고, 의논할 대상도 모호하다. 이런 복잡한 상황에서 내가 가지고 있어야 하는 것은 다름 아닌 나만의 분별력이다.

스스로 처리하지 못할 일을 누구에게 맡겨야 할지, 내가 어디까지 상대를 배려해야 하는지. 내 경제적 능력은 어디까지 버틸 수 있는지. 내가 현재 상황을 올바르게 판단을 할 수 있는 정신상태 인지 등을 알려면 분별하는 힘이 있어야 한다.

분별하지 못하면, 조언을 구하지 말아야 할 사람을 찾아가고, 내가 감당할 능력이 없는 일을 떠맡게 되고, 나에게 꼭 필요한 것을 내어주거나, 내 결정권을 타인에게 주는 등 후회할 일을 선택하게 된다.

이혼 과정이나 이혼 후에 내가 선택하는 모든 일에 이 분별력이 중요하다. 선택하려면, 판단해야 하는데 분별력이 없으면 올바른 선택을 할 수 있는 능력이 떨어진다.

분별력은 시간을 들여 노력해서 만들어야 한다. 위임하는 데에도, 분별력이 있어야 위임할 사람을 보는 눈이 생긴다. 결국은 스스로 분별력을 키워나가야 한다. 분별력은 백과사전을 예로 들면 좋다.

백과사전은 방대한 지식을 키워드별로 세세하게 구분해 놓았다. 그 구분한 키워드를 주제별로 묶어, 체계적으로 정리해 놓았다. 분별력은 방대한 정보를 취합해 구분하고 연결하면서 얻어질 수 있다.

분별력은 여러 가지 관점을 비교하고, 분석하여 최선의 판단을 내리는 과정에서 아주 중요하다. 분별력은 삶의 모든 요소에서 똑똑해질 수 있는 가장 중요한 기술이다.

여러 분야의 책을 읽고, 내가 지금 처리해야 하는 상황에 대입해 보면서 얻어질 수 있다. 책만 읽어서도 안 되고, 경험만 해서도 안 된다. 책을 읽고 글을 쓰면서 내가 알고 있는 것과 안다고 생각한 것을 찾아야 한다.

나에게 필요한 부분을 경험과 지식으로 습득한 작가들의 다양한 책을 읽어라. 간접경험을 한 후 내 상황과 언어로 대입해 본 후. 경험으로 체득해야 한다.

지식이 경험으로 채워지면서, 내가 아는 것과 안다고 생각한 것을 알게 되고, 부족한 부분이 드러난다. 이런 과정을 반복하다 보면, 무언가를 도전하고 싶은 욕구가 생기고 자신감이 생긴다.

경험에서 체득한 실패와 성공의 과정은, 나의 무기가 된다. 지식으로 용기를 얻어 도전하고, 실패로 경험을 얻고 그릇을 키워나가는 과정이 똑똑해지는 과정이다.

이 과정을 반복하면 이혼 전과 후의 나는 다른 사람이 되어있다.

타인에게 의지하지 않아도, 스스로 상황을 분별할 수 있고, 준비된 자가 된다. 기회가 왔을 때 나의 분별력은 빛을 발하고, 도전해야 할 때인지, 기다려야 할 때인지 앎이 생긴다.

똑똑해진다는 것은 너무 방대한 일이다. 현실을 부딪치려면 무엇을 외워야 하거나, 개념을 이해하는 것이 중요하지 않다. 분별력으로 준비하고, 기회가 왔을 때를 알아차려 망설임 없이 실행해야 한다.

기회는 언제나 있지만, 준비하지 않은 사람에게는 그것이 기회인지, 아닌지조차 판단할 능력이 없다. 기준이 없기에 보이지 않는 것이다. 남편에게 잡아먹히지 않으려면 분별력을 꼭 길러야 한다. 준비된 자가 되어있어야 한다.

성공은 한 번에 성취할 수 없다. 단시간에 얻어진 성공은 더 큰 것을 가지고 도망간다. 빠르게 가려고 하지 말고 분별력을 기르고, 나의 때가 언제인지 알아차리는 준비를 해야 한다.

분별력이 있어야 이단 종교에 빠지지 않고, 사기꾼과 귀인을 구분하고, 가스라이팅을 당하지 않는다. 분별력은 자신을 보호하고 올바른 결정을 내리는 중요한 능력이다.

이혼의 과정과 이혼 후의 삶의 큰 변화에서 자신을 지키는 힘을 꼭 길러라. 남편에게 잡아먹히지 않고 자신을 지켜서, 용기가 필요한 사람들에게 귀인이 되면 이혼의 성공이다.

- 네 번째: 생각을 바꿔야 한다.

돈에 대해서 어떻게 생각하는가? 부자에 대해서 어떻게 생각하는가? 책임에 대해서 어떻게 생각하는가? 비교에 대해서 어떻게 생각하는가?

이 모든 질문에 비교를 기준으로 판단한다면, 저자는 생각하는 방식과 생각 그 자체 모든 것이 잘못되었다고 생각한다.

비교는 누구보다 내가 많고 적다가 기준이 된다. 하지만 비교에서 벗어나면 생각이 바뀔 수 있다. '돈은 좋은 것이다.' '나는 부자가 될 자격이 있다.' '나는 무슨 일이든 책임질 수 있다.' 처럼 비교가 아닌 내가 주체가 되는 방식으로 생각을 바꾸어야 한다.

이번에는 생각에 대해서 질문해 보려고 한다. 생각은 누가 하는 것인가? 생각은 내가 하는 것인가? 아니면, 생각을 바라보는 것인가? 내가 생각을 일으키고, 생각을 통제할 수 있다고 생각한다면 이 또한 생각에 대해 깊이 있는 해답은 아니다.

생각은 내가 하는 것이 아니다. 떠오르는 것이다. 멍하니 걸어 다닐 때, 운전하고 있을 때, 차를 마시고 있을 때 생각을 들여다

보면, 무작위로 떠오르는 생각에 깊이 빠져 있는 나를 알고 문득 놀랄 때가 있다. 이렇듯 생각은 내가 하는 것이 아니다.

보통 생각은 기억이 떠오르는 것이다. 기억은 과거이고, 기억의 감정도 같이 느껴진다. 이혼의 과정과 이혼 후에는 생각을 잘 관리해야 한다. 그렇지 않으면 과거의 기억이 재생되면서 나의 현재의 감정을 지배하게 된다.

이것이 생각 회귀이다. 과거의 경험과 기억을 재생하면서 현재를 과거의 방식으로 해석하고, 만들어 나가면서 부정적인 결과를 경험하게 한다. 그래서 만나는 사람이 과거의 사람과 비슷하고, 직장을 과거의 기준으로 정하고, 나의 경제 상황을 과거의 경제 상황으로 돌려놓는다.

지금의 나를 만드는 것은 결국 생각 즉 관념과 인식이다. 관념은 과거를 떠올리며 이러했던 일이 이런 결과가 생긴다고 굳어지고, 인식은 그 과거의 생각 패턴의 방식으로 현재를 만든다.

"당신이 매일 같은 방식으로 생각하고 행동하면, 같은 미래를 반복하게 된다."

세계적인 신경과학자 조 디스 팬 자 박사도 저자와 같은 생각을 과학적으로 입증했다.

새롭게 말하면 "생각 방식을 부와 성공 행복으로 바꾸면, 같은 미래를 반복하게 된다"이다. 답은 명쾌하다. 피해자가 있으려면 가해자가 있어야 하고, 가해자가 있으려면 피해자가 있어야 한다. 이 둘은 같다.

네가 있어야 내가 있는 것이다. 지금 나는 피해자인가? 가해자인가? 내 생각이 나에게 나는 무엇이라고 말하고 있는지 잘 들여다봐야 한다. '나는 ~~ 다'라는 생각이 나를 창조하기 때문이다.

나는 이혼 후에 긴 시간 죄책감을 느끼고 살았다. 어린아이들을 두고 나온 엄마는 죄인이라는 나의 관념이 자리 잡고 있었다. 이 관념은 사회생활에서도 나를 피해자 역할로 만들었다.

생각 방식을 바꾸어서 과거의 생각을 모두 현재시점의 긍정형으로 바꿔야 한다. 이 노력을 하지 않으면, 돈을 벌어도 갑자기 무슨 일이 생겨 돈을 잃고, 사람을 만나도 과거의 만났던 사람과 비슷한 사람을 만난다.

우울증 · 화 · 비난 · 두려움 이 모든 생각과

감정은 모두 버려야 한다. 단 하나도 도움 되는 게 없다. 여기서 나를 지켜줄 감정은 단 하나도 없다. 노력으로 모두 버려야 한다. 사리가 나올 정도로 노력해서 모두 바꾸어라.

성공한 사람들은 모두 생각을 바꾸는 과정을 거쳤다. 먼저 생각을 바꿔야 행동이 바뀐다. 생각을 모두 성공과 부자의 것으로 바꾸어라. 매일매일의 습관, 꾸준한 노력으로 충분히 바꿀수 있다.

성공과 부자를 내 언어로 잘게 부수어서, 습관으로 뱉어라. 그리고 꾸준히 반복하라. 이렇게 내 생각의 관념을 모두 부수고, 새롭게 만들어야 한다. 이혼이라는 큰 실패와 상실감은 절대 작지 않다. 큰일을 쉽게 생각하는 어리석음을 깨달아야 두 번 다시 남편에게 잡아먹히지 않는다.

이혼은 누구에게나 오는 기회가 아니다. 내가 이혼을 결심했다면 나에게 주어진 삶의 목적이 있기 때문이다. 나는 작은 사람이 아니다.

" 만일 욕망이 있다면 이룰수 있는 능력도 있는 것이다. 능력은 욕망과 함께 온다 "

위대한 동기부여가 나폴레온 힐(Napoleon Hill)의 이 말처럼, 욕망이 있다면 이룰 수 있는 능력도 있는 것이다. 욕망은 꾸준히 원하고 생각하는 것이다. 매일매일 원하는 욕망을 생각하라.

어제와 다른 생각을 해야, 어제와 다른 오늘을 살 수 있다. 그러므로 먼저 생각을 바꾸어야 한다. 나약한 생각, 우울한 생각, 피해자같은 생각, 남탓하는 생각, 부정적인 생각은 모두 버리고, 강인하고 담대한 생각, 긍정적이고 희망찬 생각, 내 운명은 내가 개척할 수 있다는 생각, 내 인생의 모든 일은 내가 책임져야 한다는 생각, 풍요로운 생각, 성공할 수 있다는 생각으로 바꾸어야 한다. 생각은 곧 실체이기 때문이다. 생각하는 대로 인생은 흘러간다.

"과거의 나는 죽었다. 그리고 나는 새롭게 태어났다. 남편에게 잡아먹힌 나는 죽었다. 나는 내가 원하는 사람으로 살 것이다"

당신은 오늘부터 생각을 바꿨기 때문에, 원하는 사람으로 새롭게 태어났다.

"오늘이 당신의 두 번째 생일이다" 생일을 진심으로 축하한다.

- 다섯 번째: 경제적 자립해야 한다.

돈에 대해서 어떻게 알고 있는가? 돈은 한정되어 있고 내가 가지면 누군가가 갖지 못한다고 생각하는가? 내가 더 많은 월급을 가져가면 다른 누군가는 더 적게 가져간다고 생각하는가?

 돈은 뼈 빠지게 노력해서 평생을 모아야 가질 수 있는 것으로 생각하는가? 돈은 금수저로 태어나지 않은 이상 나와는 인연이 없다고 생각하는가? 이혼했기 때문에 부족해도 참고 살아야 한다고 생각하는가?

이혼했으니 돈 많은 누군가를 만나서 팔자를 바꿔야 한다고 생각하는가? 돈은 이번 생에서는 인연이 없다고 생각하는가? 돈 없이 마음 편하게 사는 것이 행복이라고 생각하는가? 애들은 돈으로 키우는 게 아니라고 생각하는가?

이런 생각을 하고 있다면 경제적으로 성공할 확률은 아주 낮다. 이혼 후에는 경제적 자립은 기본이고, 경제적으로 부유해 져야 한다. 세상에 부자 팔자를 가지고 태어난 사람도, 가난한 팔자를 가지고 태어난 사람도 없다. 이유는 가난한 사람이 부자가 되고, 부자가 가난한 사람이 되는 일이 빈번하기 때문이다.

그렇다면 부자와 가난한 사람의 차이는 하나이다. 부자라는 씨앗을 품은 사람과 품어 볼 엄두조차 내지 못한 사람이다. 경제력을 충분히 갖춰야 남편에게 잡아먹히지 않고, 내 삶을 책임 질 수 있다.

필자는 전업주부였다. 잠깐 집에서 공부방을 운영했지만 한 달에 30만 원 벌이도 되지 않았다. 둘째 아이와 머물 곳이 없고, 슈퍼에서 아이가 사달라는 간식을 사는데 몇천 원 하는 가격에 사줄 수가 없었다.

돈이 없어서, 내가 사랑하는 자식을 책임지지 못한다는 생각을 처음 했다. 나는 경제적 자립을 하지 못한 엄마였다. 경제적 자립을 못 하면 나 자신조차 지킬 수 없고, 사랑하는 아이도 책임질 수 없다.

사랑하는 사람은 나를 책임져 줘야 한다고

생각하는가? 이혼을 결정했다면 그 생각이 얼마나 어리석은 생각인지 알아야 한다. 경제력은 나를 지키고, 사랑하는 사람을 지킬 수 있는 가장 중요한 일이다.

내가 나조차도 지킬 수 없는데, 누굴 지킬 수 있을까? 돈이 없어, 아이를 보내고, 쉼터에 들어가서 나는 결심했다. 돈을 벌자. 성공하자. 다시는 돈 때문에 나와 사랑하는 사람을 떠나보내는 일을 만들지 말자.

이혼의 과정에서 경제적 자립이 가장 중요하다. 돈이 없으면, 돈 때문에 나를 잃는다. 세상은 정확하다. 내가 능력을 키워야 한다. 남을 의지하면, 나 자신을 잃고 세상에 휘둘린다.

경제력을 갖추는 과정에서, 스스로 성장한다. 돈을 무서워하며 살면 안 된다. 돈은 아주 좋은 것이고, 감사한 것이다. 내가 성장하면 돈은 나에게 온다. 경제력을 갖춘다는 것은 나를 성장시킨다는 말이다.

"자유로워지고 싶다면 나는 내가 되어야 한다. 당신이 생각하는 내가 아니라, 내 아내가 생각하는 내가 아니라, 내가 진정한 나가 되어야 한다."

유명한 작가 빌고브의 말이다. 사람은 자기로 살려고 태어났다. 자기로 살기 위해서는 자유로워야 한다. 자유에는 책임이 따른다. 자신조차 책임지지 못하는 사람은 절대 자유로울 수 없다. 경제력이 없으면 나로 살 수 없다.

이혼은 진정한 나를 찾는 과정이다. 결혼생활은 내가 원하는 삶이 아니기 때문에 이혼을 선택했다. 그렇다면 내가 원하는 삶을 살기 위해서 자기 자신으로 살아야 한다.

자기 자신으로 살기 위해서는 경제적 자립이 우선이다. 경제력을 갖추어야, 나를 신뢰 할 수 있고, 사랑하는 사람을 지킬 수 있다. 돈에서 자유로워 져야 자신으로 살 수 있다.

두 번 다시 남편에게 잡아먹히지 않는 유일한 방법은 경제적 자립이다. 그리고 성공이다. 진정한 복수는 내가 성공하는 것이라는 말은 듣기 좋은 말이 아니다. 남편에게 잡아먹히지 않는 단 하나의 길이다.

경제적으로 성공하라. 그러면 이미 자유로운 삶을 살고 있을 것이다.

제5장. 이혼에 성공해서 행복하게 사는 사람들

- 연하남과 행복하게 살다 _ 서정희 씨

" 거짓 없이 내 삶을 받아들이면서 한 가지 꿈이 생겼다
절대 다시 시작할 수 없다는 사람들에게.
절대 다시 일어설 수 없다는 사람들에게.
망가졌다고 생각하는 사람들에게.
꿈을 가진 바보들에게.
나와 같은 이들에게 위로와 힘이 되는
' 상처 입은 치유자 '가 되고 싶다는 꿈.

세상과 소통하며 소외되고 고독한 이들과 손잡고
함께 나아가는 꿈 말이다
상처받아본 사람이 상처 입은 이들을 더 잘 치유할 수 있다
내 인생이 누군가에게 용기를 주고,
그 용기로 삶의 고통을 뛰어넘는다면 그날의 사건.
그리고 갇혀 있던 나의 32년이 가치 있을 것이라고 믿는다. "

               [서정희, <정희> 출판사:아르테]

서정희 씨는 내가 어린 시절 개그프로에 나오던 개그맨 서세원 씨의 부인이다. 지금은 작가와 공간인테리어 교수로 제2의 인생을 멋지게 사는 전문직 여성이다. 얼굴도 예쁘고 스타일도 세련되어 서정희 씨가 TV에 나오면 어릴 적 보던 '소공녀 세라'가

생각났다. 작은 몸집에 세련된 얼굴 온화한 표정이 예뻤다.

서정희, 서세원 부부가 소개될 때는 멋지게 실내장식 한 집과 훌륭한 요리 솜씨, 행복한 가정생활이 대한민국 여성들의 부러움을 샀다. 2015년 5월 12일. 서정희 씨의 부부싸움 모습이 세상에 공개되었다. 그 영상은 모두를 경악하게 하였다. 서정희 씨는 그렇게 이혼 소송을 선택했다.

손꼽히던 연예계의 잉꼬부부로 소문이 자자했던 서정희 씨의 모습은 없었고 넘어진 채 다리를 붙잡혀 질질 끌려가는 모습이었다. 하지만 서정희 씨는 [정희]에서 이렇게 기록했다.

' 비극적 운명의 날, 아니 비극을 끝내게 된 날이다 '

그렇다. 서정희 씨는 가면이 벗겨진 진짜 모습을 자신의 비극을 끝내는 날로 선택했다. 그리고 지금은 행복한 삶을 살아가고 있다.

나에게도 '비극적 운명의 날'이 있었다. 결혼생활 동안 나는 남편과 말로 다투는 일이 많지 않았다. 신혼생활이 시작된 지 얼마 지나지 않아 결혼이 잘못됐다는 느낌이 들었고 어느 순간부터 내 속마음을 그에게 드러내지 않았다.

'나의 비극적 운명의 날, 아니 비극을 끝내게 된 날' 나는 둘째 아이만 데리고, 내가 행복을 꿈꾸던 집에서 나왔다.

서정희 씨는 이혼 후 힘든 시간을 보냈지만, 현재는 과거의 상처를 극복하고 긍정적인 삶을 살아가고 있다. 그는 이혼 당시 "실패한 인생"이라고 생각했지만, 이후 암 투병과 주변 사람들의 응원을 통해 삶의 의미를 새롭게 찾았다고 한다.

실패한 인생이란 없다. 어떤 인생도 타인에게 평가받을 필요가 없다. 나의 인생을 대신 살아줄 사람도 대신 죽어줄 사람도 없다. 서정희 씨는 비극적 운명의 날을 비극을 끝내는 축복의 날로 바꿨다.

그리고 세상은 서정희 씨에게 축복 같은 삶을 선물로 주었다. 상처받은 사람만이 타인의 상처를 공감할 수 있다. 용기를 내본 사람만이 용기를 줄 수 있다. 서정희 씨가 용기를 내지 않았다면, 선택과 결단을 하지 않았다면, 축복 같은 삶도 존재하지 않았을 것이다.

이혼은 나 혼자만 겪는 일이 아니다. 이혼이라는 두려운 과정을 이겨내 본 사람만이 누군가에게 위로와 용기를 줄 수 있다. 그 과정에서 오는 두려움은 용기로 변하고 힘든 시간은 나에게 인내할 힘을 주었다.

'끝날 때까지는 끝난 게 아니다'라는 말이 있다. 인생이 바로 그렇다. 내가 지금 살아가고 있는 삶이 비극일지 축복일지는 생각과 선택에 달려있다.

서정희 씨는 요즘 방송에서 잘생긴 연하남과 인생 2막을 준비하며 행복한 모습으로 출연하고 있다. 서로 배려하고 신앙생활을 함께하며 같은 꿈을 꾸고 있다고 한다.

내 인생을 타인의 인생과 비교할 필요는 없다. 하지만 자신의 인생을 포기하면 안 된다. 나를 사랑해 주어야 한다. 내가 가장 소중해야 한다. 그래야 상대를 사랑해 줄 수 있고 소중하게 지킬 수 있다.

인생을 비극적으로 만들지, 축복으로 만들지는 누가 대신 선택해 줄 수 없다. 오직 나만이 나의 인생을 만들어 나갈 수 있다. 비극적인 운명의 날이 시작되는 순간이 바로 축복의 문이 열리는 순간이다. 이 사실을 잊지 말고, 용기와 인내심으로 삶을 행복하게 만들어야 한다.

- 집필자로 자신의 인생을 살다_ 공지영 작가님

공지영 작가는 세 번의 결혼과 이혼을 겪었다.

그녀는 이 사실을 부끄럽게 여기지 않는다. 오히려 여성이 자기 삶의 주인이 되기 위해 싸워야 했던 현실로 설명한다. 사랑이 사라진 결혼은 더 이상 유지할 이유가 없다고 느꼈고, 자신과 아이들을 위해 헤어짐을 결단했다고 한다.

<나는 끝나지 않았다> 공지영 작가

아이를 안고,
울음을 삼켜가며
세상 밖으로 다시 걸어 나왔다.

남들이 말한다,
"이혼은 실패야"
하지만 나는 안다,
그것은 살아 있으려는 몸부림이었다는 걸.

밤마다 울다 잠들던 시간들,
그 속에서도 나는
내 안의 나를 껴안았다.
당신의 시선이 나를 흔들어도
내가 나를 버리지 않는다면
나는 다시 시작할 수 있다.

내가 울던 날,

너는 웃을 수 있게 되길 바랐다.

나를 위해 떠났지만
결국, 너를 위해 떠난 길이었다.

그러니 기억해.
상처는 그 사람을 증명하지 않아.
그 상처를 안고 어떻게 살아가는지가
그 사람을 말해주는 거야.

공지영 작가의 이 시처럼 상처는 날 증명하지 않았다. 이혼 후 내가 어떻게 살아가는지가 나를 말해주는 것이다. 이혼의 과정에서 나는 관계에서의 실패자였다.
세상은 나를 아이를 두고 나온 모진 엄마, 이혼녀라는 낙인을 찍었다.

세상은 내가 행복하다고 말하는 것을 좋아하지 않았다. 이혼녀에 아이를 두고 나왔다면, 불행해야 한다고, 슬퍼해야 한다고 말했다. 하지만 나는 받아들이지 않았다.
나는 불행한 부부 사이에서 아이들이 자라는 것을 원하지 않았다.

부부가 따로 살더라도, 각자의 행복한 엄마, 아빠의 모습을 보며, 사는 것이 낫다고 결정했다. 나는 행복한 엄마이고, 내 삶을 스스로 극복하는 과정을 즐기는 멋진 엄마이다.

세상은 여전히 아이를 두고 나온 나를 상처 입히고 싶어 한다. 하지만 나는 받아들이지 않는다. 상처 입은 나를 안아주고, 사랑해 줄 것이다. 아이들에게 내가 해줄 수 있는 가장 중요한 것은 행복한 엄마의 모습을 보여주는 것이기 때문이다.

침대 시트가 떠내려갈 만큼 밤마다 많은 눈

물을 흘렸고, 돈을 벌려고 가리지 않고 일했다. 피곤한 몸을 이끌고 밤마다 달리기했고, 아이들에게 엄마와의 행복한 시간을 추억할 수 있도록 많은 곳을 함께 여행 했다.

타인들이 하는 소리가 나를 무너트릴 수 없다. 내가 나를 저버리지 않는다면 나는 충분히 다시 일어설 수 있다. 나는 매일매일 용기를 내고 나 자신을 사랑해 주려고 노력한다.

나 자신을 사랑하는 것도 노력이 필요하다는 것을 이혼 후에 알게 되었다. 음식을 고르게 먹고, 달리기하고, 책을 읽고, 글을 쓰고, 명상하며 스스로 나를 사랑해 주게 되었다.

아침에 일어나면 건강한 몸을 주신 것에 감사하다고 말하고, 편히 쉴 수 있는 집에 감사하다고 말한다. 자신을 사랑하는 그것이야말로 아이들과 세상을 사랑하는 것임을 이제는 안다.

누구보다 나를 가장 사랑해야 한다. 그 일은 용기와 노력이 필요하다. 세상이 나에게 하는 소리에 귀를 닫고, 스스로 들려주는 사랑의 소리를 들려줘라. 아름다운 목소리로 매일매일 나에게 속삭여 주자.

'상처받은 아이야, 아주 힘들었지, 괜찮아, 그럴 수 있어. 너는 소중한 사람이야'

세 번의 결혼과 이혼을 한 공지영 작가는 현재 경상남도 하동군 악양면 평사리에 거주하며 창작 활동을 이어가고 있다. 자연에 둘러싸인 환경에서 글을 쓰며, 텃밭을 가꾸고 반려견 '동백'과 함께 자신을 사랑해 주는 일을 하며 행복한 일상을 보내고 있다.

만일 그대가 지혜롭고 성실하며
예의 바르고 현명한 동반자를 얻었다면
어떠한 난관도 극복하리니

기쁜 마음으로 생각을 가다듬고
그와 함께 가라!

그러나 만일 그대가
지혜롭고 성실하며 예의 바르고 현명한 동반자를 얻지 못했다면,
마치 왕이 정복했던 나라를 버리고 가듯
무소의 뿔처럼 혼자서 가라!

- 불교 초기 경전 숫타니파타의 <무소의 뿔경> 중에서 -

– 상상력과 희망으로 꿈을 이룬 세계적인 작가_조앤 롤링

" 저는 대학을 졸업하고 7년 동안 엄청난 실패를 겪었습니다.
결혼에 금세 실패했고 실업자에다 싱글맘, 더 이상 가난하기
힘들 정도였지요. 누가 봐도 전 실패한 사람이었습니다.
그 시기에 저는 정말 힘들었고, 그 긴 터널이 언제 끝날지도
알 수가 없었습니다."

" 그럼 제가 왜 실패의 미덕에 대해 말하려고 하는 걸 까요?
실패가 제 삶에서 불필요한 것들을 제거해 줬기 때문입니다.
저는 스스로를 기만하는 것을 그만두고, 제 모든 에너지를
가장 중요한 일에 쏟기 시작했습니다."

" 제가 가장 두려워하던 실패가 현실이 됐기 때문에
오히려 저는 자유로워질 수 있었습니다.
실패했지만 저는 살아 있었고, 사랑하는 딸이 있었고,
낡은 타자기와 엄청난 아이디어가 있었지요.
가장 밑바닥이 제가 인생을 새로 세울 수 있는 단단한 기반이
되어 준 것입니다. 바닥을 치면 더 이상 두

려울 그것도 꺼릴 것도
없는 법입니다. 다시 일어나서 나아갈 일만
있기 때문입니다."

" 삶에는 성취보다 더 많은 실패와 상처들
이 존재합니다.
그러나 실패가 두려워 아무것도 하지 않는
것이 가장 큰 패배입니다."
" 인생은 성취한 일의 목록이 아닙니다.
이것을 알게 되면 여러분은
행복할 수 있을 것 이라고 말해주고 싶습니다. "

- 2008년 하버드대학교 축사 중-

조앤 롤링은 너무 유명해서 어린아이들도
이름을 말하면 알 수 있는 작가이다. 전 세
계의 독자들을 마법의 세계에 빠져들게 했
던 '해리포터'를 쓴 작가이기 때문이다.
하지만 조앤 롤링의 인생도 처음부터 성공

만 있었던 것은 아니다.

조앤 롤링의 일대를 읽어보면 어린 시절부터 상상력이 풍부했고, 자연과 동식물을 소재로 이야기를 만드는 일을 가장 좋아했다고 한다. 하지만 그녀에게도 시련이 찾아왔다.

30세부터 불치병으로 병을 앓던 엄마는 44세가 되던 해에 돌아가셨다. 조앤 롤링 은 엄마가 떠난 힘든시기에 남편을 만나 결혼했다. 하지만 남편은 가족의 생계를 책임지지 않았고, 가정폭력을 일삼았다.

이런 일로 경찰을 불러 아이와 집을 나와 영국의 동생이 있는 집에서 새로운 인생을 살기로 했다. 그러나 동생이 있던 집에도 오래 머무는 것이 미안해져, 도시에서 가장 싼 집으로 이사를 했다.

빈곤한 생활과 난방도 안 되는 집에서 어린아이와 책을 쓰며 생계를 유지하는 결단은 누구에게도 쉽지 않았을 것이다. 당장 의식주가 해결되지 않는 상황에서 자신의 꿈을 믿고 나아가기란 두렵기 그지없을 것이다.

하지만, 조앤 롤링은 자신의 꿈을 믿기로 한다. 생계는 국가에서 지원해 주는 보조금과 동생이 보태주는 돈으로 근근이 버티며, 오로지 자신이 가장 좋아하고, 잘하는 글쓰기에 매진한다.

조앤 롤링은 이 시간을 이렇게 회고했다. 모든 시간과 에너지를 글쓰기에 매진하지 않았다면, 해리포터라는 작품은 시간이 지나고 지나, 결코 완성할 수 없었을지도 모른다. 누구에게나 꿈이 있다.

누구나 되고 싶은 내가 있다. 건물주가 될 수도 있고, 평생 돈 걱정 없는 인생일 수도 있고,

베스트셀러 작가일 수도 있고, 사업가일 수도 있다. 하지만 이 모든 꿈은 처음에는 상상력이 필요하다.

누구나 꿈을 처음 꾸었을 때, 그 모습을 상상했을 것이다. 바로 그 상상력이 꿈이다. 우리에게는 누구나 상상할 수 있는 능력이 있다. 조앤 롤링은 작가라는 직업을 가진 자신을 상상했을 것이다. 그리고 그 꿈을 실현하기 위해 포기하지 않고 자신을 그 꿈과 연결했다.

이 연결이 가장 중요하다. 인생의 실패를 겪고 나서, 조앤 롤링은 자신을 패배자라고 말하는 사람들과 함께 있지 않았다. 조앤 롤링의 동생은 언니의 상상력과 이야기를 가장 지지해 주었고, 그녀의 친구들도 그녀를 응원했다.

조앤 롤링은 "가장 밑바닥이 제가 인생을 새로 세울 수 있는 단단한 기반이 되어 준 것입니다. 바닥을 치면 더 이상 두려울 것도 꺼릴 것도 없는 법입니다. 다시 일어나서 나아갈 일만 있기 때문입니다." 라고 말했다. 이 말처럼 우리는 실패가 두려운 것이 아니다. 다시 일어서지 않는 것이 두려운 것이다. 이점을 항상 잊지 않아야 한다. 누구나 조앤 롤링이 될 수 있다. 자신만의 상상 속 해리포터는 누구에게나 있다.

나는 쉼터에서 받는 재활교육 프로그램에서 이름 뒤에 불리고 싶은 호칭을 넣으라는 수업을 받았다. 내 이름 뒤에 대표님을 넣었다. 대부분 공주님이나 사랑이 등 예쁜 이름을 넣었지만, 나는 대표님이라는 이름으로 불리고 싶었다.

내가 직장생활을 할 때는 대표님보다는 사장님이라는 이름으로 대표를 불렀는데, 나도 모르게 내 이름 뒤에 대표님을 넣었다. 그리고 거기에 모여있는 7명 정도가 서로에게 불리고 싶은 이름을 불러주었다.

그리고 나는 일 년 뒤 나의 명함에 대표이사를 넣었다. 이것 또한 과정의 실패로 지나갔지만 말이다. 나는 계속해서 꿈을 꾸고 상상하고 목표를 적고 있다. 작가도 나의 상상에서 나온 또 다른 꿈이다. 이 모든 것은 처음에는 모두 상상을 통해서 나와 연결되었다.

우리는 누군가의 꿈을 부러워하려고 이 세상에 태어나지 않았다. 꿈을 꾸고 그 꿈을 창조하기 위해 태어났다. 이혼은 패배가 아니다. 패배는 더 이상 일어서지 않을 때를 말할 뿐이다. 그것이 진정한 패배이다. 이혼은 과정이다. 삶의 하나의 과정인 것이다.

결혼을 상상했고, 예쁜 아이와 행복한 가정생활을 상상했고, 이혼을 상상했고, 그리고 이 모든 상상은 결국 이뤄졌다. 그렇다면, 이제 어떤 것을 상상할 것인가? 이것이 지금 가장 중요하고 시급한 일이다.

상상해라, 내 이름 뒤에 불릴 나만의 꿈을 연결해라. 지나고 보면 우리는 과거에 언젠가 상상했던 자리에 지금 있을 것이다. 상상은 당신을 그곳으로 데려갈 것이다. 내가 정말 원하는 곳 그곳을 상상해라.

그리고 꾸준히 상상해라. 절대 도망치지 말고 계속 상상해라. 그곳이 정말 당신이 머물 곳이다. 거기에 있으려고 당신은 태어난 것이다.

"우리는 우리의 세계를 변화시키기 위해 마법을 필요로 하지 않는다. 우리는 이미 우리 안에 필요한 모든 힘을 가지고 있다"

조앤 롤링의 이 말처럼 우리 안에는 우리가 원하는 것을 이미 알고 있고, 이룰 수 있는 능력도 가지고 있다. 나는 내가 상상하는 나와 연결되어 있음을 믿는다.

에필로그 _ 이혼은 새로운 시작이다.

"나는 실패하지 않았다. 나는 다시 시작했을 뿐이다."

이혼은 끝이 아니다. 그리고 이혼은 도망도 아니다. 이혼은 스스로를 구하는 선택이었고, 무너진 내 삶을 다시 설계하기 위한 결단이었다.

지금까지의 고통은 전혀 헛되지 않았다. 사랑을 믿었고, 가정을 지키려 했고, 무너진 시간 속에서도 어떻게든 견디려 했다. 하지만 그 모든 인내는 나를 없애는 길이었다.

사랑이 아니라 생존이었고, 가정이 아니라 감옥이었다.

나는 이제야 안다.

내가 바란 건 완벽한 결혼이 아니라, 내가 살아 있는 삶이었다는 것을.

내 감정이 존중받고, 내 존재가 무시되지 않으며, 내 삶이 나에게 중심이 되는 그런 인생 말이다. 이혼을 결심한 날, 세상은 나를 손가락질했다.

"무책임하다, 실패했다, 애는 어쩌려 하느냐."
그런 말들 속에서 나는 다시 다짐했다. 누

구보다 책임지겠다고. 내 인생을, 내 아이를, 그리고 무엇보다 나 자신을. 나는 더 이상 무너지지 않겠다고.

이혼 이후의 삶은 전혀 쉽지 않았다.

경제적 압박, 사회적 편견, 감정적 고통,

그 모든 것들이 한꺼번에 몰려왔다. 하지만 그 속에서도 나는 포기하지 않았다.
하루하루, 책 한 권, 밥 한 끼, 웃음 한 번.
작은 일상을 쌓아가며 나는 나를 다시 세웠다. 처음엔 스스로를 사랑하는 법도 몰랐다. 거울 속 내가 낯설고 초라하게만 보였다. 하지만 어느 날 문득, 빗속에서도 꿋꿋이 피어 있는 들꽃을 보며 생각했다.
나도 저렇게 살고 있다고.
누군가는 보지 않아도, 나는 여전히 살아 있다고. 이혼은 나를 단단하게 만들었다.

눈물은 많았지만, 그만큼 통찰도 깊어졌다. 사람을 보는 눈이 생겼고, 세상을 해석하는 방식이 바뀌었다.

무엇보다 나를 이해하고, 나를 지키는 법을 배웠다. 누군가는 이혼을 실패라 부른다. 하지만 나는 말하고 싶다.

진짜 실패는, 나를 잃은 채 계속 살아가는 것이다.

진짜 용기는, 나를 위해 결단하고, 지옥을 떠나는 것이다. 이혼은 바로 그 용기의 이름이다. 이제 나는 말할 수 있다.

"나 정말 이혼 잘했구나."

이 말이 단순한 위로가 아니라, 삶으로 증명된 진실이라는 것을. 이 책을 통해 단 한

사람이라도 눈물 대신 웃음을, 두려움 대신
용기를 가질 수 있다면,
나는 그걸로 충분하다.

" 이혼에 성공하는 것,
그것은 남은 인생에 성공하는 것이다."

남편도, 세상도, 편견도 더 이상 나를 잡아
먹을 수 없다. 이제, 내가 나의 중심이 되어
내 인생의 주인으로 산다. 그리고 그 삶은
누구보다도 가치 있고, 아름답다.

명심하자.

"무너졌던 것은 다시 세우기 위해서였고,
상처와 시련과 아픔은 더 큰 나를 만나기
위함이었다."

판권

초판 인쇄: 2025년 4월 30일
초판 발행: 2025년 4월 30일

지은이: 성현숙
발행인: (주)플랫폼연구소

출판등록: 제 2020-000075호

전화: 010-3920-6036 / 02-556-6036
이메일: pflab2020@naver.com

주소 : 서울시 강남구 삼성동 152-59 정목빌딩 3층

ISBN 979-11-91396-25-6